DISCLAIMER

The author and publisher are providing this book and its contents on an "as is" basis and make no representations or warranties of any kind with respect to this book or its contents. The author and publisher disclaim all such representations and warranties, including but not limited to warranties of merchantability. In addition, the author and publisher do not represent or warrant that the information accessible via this book is accurate, complete, or current.

Except as specifically stated in this book, neither the author nor publisher, nor any authors, contributors, or other representatives will be liable for damages arising out of or in connection with the use of this book. This is a comprehensive limitation of liability that applies to all damages of any kind, including (without limitation) compensatory; direct, indirect, or consequential damages; loss of data, income, or profit; loss of or damage to property; and claims of third parties.

Copyright © 2022 LINGUAS CLASSICS

BESTACTIVITYBOOKS.COM

All rights reserved. No part of this book may be reproduced or used in any manner without the written permission of the copyright owner except for the use of quotations in a book review.

FIRST EDITION - Published 2022

Extra Graphic Material From: www.freepik.com
Thanks to: Alekksall, Starline, Pch.vector, Rawpixel.com, Vectorpocket, Dgim-studio, Upklyak, Macrovector, Stockgiu, Pikisuperstar & Freepik.com Designers

This Book Comes With Free Bonus Puzzles
Available Here:

BestActivityBooks.com/WSBONUS20

5 TIPS TO START!

1) HOW TO SOLVE

The Puzzles are in a Classic Format:

- Words are hidden without breaks (no spaces, dashes, ...)
- Orientation: Forward & Backward, Up & Down or in Diagonal (can be in both directions)
- Words can overlap or cross each other

2) ACTIVE LEARNING

To encourage learning actively, a space is provided next to each word to write down the translation. The **DICTIONARY** allows you to verify and expand your knowledge. You can look up and write down each translation, find the words in the Puzzle then add them to your vocabulary!

3) TAG YOUR WORDS

Have you tried using a tag system? For example, you could mark the words which have been difficult to find with a cross, the ones you loved with a star, new words with a triangle, rare words with a diamond and so on...

4) ORGANIZE YOUR LEARNING

We also offer a convenient **NOTEBOOK** at the end of this edition. Whether on vacation, travelling or at home, you can easily organize your new knowledge without needing a second notebook!

5) FINISHED?

Go to the bonus section: **MONSTER CHALLENGE** to find a free game offered at the end of this edition!

Want more fun and learning activities? It's **Fast and Simple!**
An entire Game Book Collection just **one click away!**

Find your next challenge at:

BestActivityBooks.com/MyNextWordSearch

Ready, Set... Go!

Did you know there are around 7,000 different languages in the world? Words are precious.

We love languages and have been working hard to make the highest quality books for you. Our ingredients?

A selection of indispensable learning themes, three big slices of fun, then we add a spoonful of difficult words and a pinch of rare ones. We serve them up with care and a maximum of delight so you can solve the best word games and have fun learning!

Your feedback is essential. You can be an active participant in the success of this book by leaving us a review. Tell us what you liked most in this edition!

Here is a short link which will take you to your order page.

BestBooksActivity.com/Review50

Thanks for your help and enjoy the Game!

Linguas Classics Team

1 - Antiques

```
F J Y S N Y K R E P Š A B C I D
K W N H S K D V L V A B U J N E
E P A V M M N O A H C O S N V K
X Í N Ě M U L Ý B L M J B Y E O
S N Á B Y T E K M N I T C M S R
Z T T I H V I C I G O T X G T A
O N A C A G R I N I M V A H I T
D A Z R H L E T C C M E T C I
D G M V Ý T L N E E L T G N E V
A E J S B W A E F N O C B I Í N
U L K S T P G T F A D O L J T Í
K E S M Y K X U X Y W A Y N E G
C L T T N J A A T O N D O H L L
E K Y D Á K E D R F E F I I O C
Y Ý L K Y V B O E N K S W V T A
X H M E L U F C K W F U V D S H
```

UMĚNÍ
AUKCE
AUTENTICKÝ
STOLETÍ
MINCE
DEKÁDY
DEKORATIVNÍ
ELEGANTNÍ
NÁBYTEK
GALERIE

INVESTICE
ŠPERKY
STARÝ
CENA
KVALITA
OBNOVENÍ
SOCHA
STYL
NEOBVYKLÝ
HODNOTA

2 - Food #1

```
Š E D F E V C Y J B O M K A G L
E Ť S Ů L T U Ř Í N A T E R U S
Z T Á L A S C U K R D Z A C V D
H M S V M Z P X M S K N A J N F
A S K E A S K O Ř I C E K L I T
W X J K G T Á N E P Š M V F K U
P M S R B D Ň S D O K Č É R F A
P J O M K Y U U T Ý A E L I P K
J C A U A B T Y F Y E J O X U Ň
N Z W H R G O C W O S P P H L U
I V Z T O C E G E G D L S R D R
H B T F J D Č E S N E K D U J E
A R A Š Í D A L T F H T I Š X M
U K A C I T R O N U J L A K H J
C I B U L E M L É K O X L A O N
N Z X H E L H V Z R T C D L A A
```

MERUŇKA ARAŠÍD
JEČMEN HRUŠKA
BAZALKA SALÁT
MRKEV SŮL
SKOŘICE POLÉVKA
ČESNEK ŠPENÁT
ŠŤÁVA JAHODA
CITRON CUKR
MLÉKO TUŇÁK
CIBULE TUŘÍN

3 - Measurements

M	F	L	T	S	Y	W	Z	O	X	P	Z	J	C	H	U
T	W	I	V	Ó	W	A	J	V	H	O	X	V	B	M	N
S	M	T	Y	Ý	N	N	I	T	E	S	E	D	U	O	C
Š	T	R	H	L	O	U	B	K	A	K	Š	Ý	V	T	E
Í	E	U	S	C	Z	Z	G	K	K	T	F	D	D	N	H
Ř	Z	P	P	D	G	S	V	F	L	H	U	U	O	O	D
K	G	P	Z	E	V	R	Z	P	É	D	P	N	G	S	P
A	R	X	T	S	Ň	D	A	I	D	Z	A	K	I	T	K
R	E	N	T	G	X	M	A	R	G	O	L	I	K	M	S
L	A	Z	K	I	L	O	M	E	T	R	E	B	U	S	S
B	M	W	L	S	O	B	A	A	P	G	C	N	M	N	B
N	B	A	J	T	Z	I	R	U	I	W	O	B	J	E	M
D	M	P	B	X	Y	O	G	S	N	M	J	D	V	Z	H
C	E	N	T	I	M	E	T	R	T	E	M	S	H	G	L
K	H	E	D	S	R	O	W	J	A	L	O	K	U	G	F
B	A	E	I	W	P	N	I	W	T	U	M	Z	H	B	F

BAJT
CENTIMETR
DESETINNÝ
STUPEŇ
HLOUBKA
GRAM
VÝŠKA
PALEC
KILOGRAM
KILOMETR

DÉLKA
LITR
METR
MINUTA
UNCE
PINTA
TÓN
OBJEM
HMOTNOST
ŠÍŘKA

4 - Farm #2

```
D J V Ě T R N Ý M L Ý N R F F H
N E Z A U W X N Z T Z Y T Ů K E
S H T P K P Š E N I C E K A S Y
S N C T U P N E C P U V A S C T
B Ě K D K J U A E V K J C G O O
D Č J L U U K T U F O V H Z Z O
J Í S T Ř Z V Í Ř A T A N E P N
H E C Z I I V E C L T C A M A L
N E Č R C R G E E O Z T N Ě E N
L G R M E E Z R Y D O F I D D P
D S B Y E L I D V O T V N Ě Z J
W R J O H N O A W T L B E L O Í
L O U K A F X F U S A D L E I D
S S D É T R A K T O R H E C E L
Z A V L A Ž O V Á N Í V Z U T O
L X J M O V O C E P Z K W X T V
```

ZVÍŘATA
JEČMEN
STODOLA
KUKUŘICE
KACHNA
ZEMĚDĚLEC
JÍDLO
OVOCE
ZAVLAŽOVÁNÍ
JEHNĚČÍ

LAMA
LOUKA
MLÉKO
SAD
OVCE
RŮST
TRAKTOR
ZELENINA
PŠENICE
VĚTRNÝ MLÝN

5 - Books

```
R B V Y P R A V Ě Č C A S K V V
Ý K I H B A F Z X T C U B O T Y
N E H U Ř Z A F M J W T Í N I N
A A V F Á R R L E E N O R T P A
S T R Á N K A E J W P R K E N L
P T G J E T H X L N P O A X Ý É
I U X Ý T U G T A E J O S T L Z
W D N K Č B Á S E Ň V P E C O A
T R R C D U A L I T A A B Z O V
V D L I T E R Á R N Í V N R I Ý
D O B R O D R U Ž S T V Í T B E
K D G O M D T W G P G T O A N I
X V K T F L L A C S U D N Z Á Í
K Y E S R Y C V U O V Y U G M D
Ý K C I G A R T C A H E U R O P
H I T H Ě B Í Ř P J H F B C R P
```

DOBRODRUŽSTVÍ
AUTOR
SBÍRKA
KONTEXT
DUALITA
EPOS
HISTORICKÝ
VTIPNÝ
VYNALÉZAVÝ
LITERÁRNÍ
VYPRAVĚČ
ROMÁN
STRÁNKA
BÁSEŇ
POEZIE
ČTENÁŘ
RELEVANTNÍ
PŘÍBĚH
TRAGICKÝ
PSANÝ

6 - Meditation

```
P P S X U P M B N D Z J I M D L
D R P O U K E M Í N V E Š U D A
I O Y K U X L R L S Y M A D N S
T B U P C C Y I S T K U Y H T K
O U Y F D Y I M D P Y P R I R A
A D O R Í Ř P T J N E T Y W J V
V I E M O C E D E N I K Í F X O
V T I B P Ř I J E T Í T T E V S
P O Z O R N O S T X Í M U I K T
U B A J A S N O S T N Í N Y V B
B N Z G L Y O U O E Á R H C G A
O C W V O D N N Č H U D B A C
V U V I S P C N Č L C P E B L N
M L X Y I O E H Ě M Ý K T N P U
M Y Š L E N K Y D U D K E W Y O
N M S N G S M E V C W E A C F O
```

PŘIJETÍ   LASKAVOST
POZORNOST   DUŠEVNÍ
PROBUDIT   MYSL
DÝCHÁNÍ   HNUTÍ
UKLIDNIT   HUDBA
JASNOST   PŘÍRODA
SOUCIT   MÍR
EMOCE   PERSPEKTIVA
VDĚČNOST   UMLČET
ZVYKY   MYŠLENKY

7 - Days and Months

```
S G F Č Č J H N E V X M E U G P
S E A I E T S I R V P G X S C Á
X V D A L R V B B T R S G F P T
K D A O Ě K V R O N Ú F Y T F E
V X Ř S D C A E T Z Á Ř Í S F K
D P Í I E I D L N E D Ý T Í W L
X N J I N R E K E E K R X L H I
Y N E B U D Ř H P N C Í S Ě M S
R W N Ú N I T J R N D N R D J T
R M E T G C S O S A Z Á E N Y O
D F Z E S O B O T A J M Ř O O P
G W E R L E D E N X X O X P R A
X X Ř Ý X L E D W T R B L O O D
G P B D Z T J U R N E O X H K G
V H L V F S K L F S O O O B K B
J W E C X X Y V G I V F Y D B A
```

DUBEN
SRPEN
KALENDÁŘ
ÚNOR
PÁTEK
LEDEN
ČERVENEC
BŘEZEN
PONDĚLÍ
MĚSÍC

LISTOPAD
ŘÍJEN
SOBOTA
ZÁŘÍ
NEDĚLE
ČTVRTEK
ÚTERÝ
STŘEDA
TÝDEN
ROK

8 - Energy

```
N G E E W E M I T T N M W B Y E
Í N K A F F T U B E V X H A O L
Z J A D E R N Ý T P N G F T B E
N W G A S D U O H L N C I E N K
E C N U L S J V E O X H A R O T
B L S Y M Ů R P N O T O F I V R
A T E E T W A V T P L H T E I I
S J X K Í D O V R A T F A N T C
Y I U Y T O O V O L M N J M E K
J K R H B R O U P I M Y H P L Ý
C X B A L T O V I V M D X Á N W
Z L J H P Í L N E O D O J R Ý R
Y L J U R V K H E G N K T A C N
Z N E Č I Š T Ě N Í J D N O L J
T U R B Í N A P W X T N Y R R E
Y G W B L Y Z J X E U U G T P R
```

- BATERIE
- UHLÍK
- NAFTA
- ELEKTRICKÝ
- ELEKTRON
- ENTROPIE
- PALIVO
- BENZÍN
- TEPLO
- VODÍK
- PRŮMYSL
- MOTOR
- JADERNÝ
- FOTON
- ZNEČIŠTĚNÍ
- OBNOVITELNÝ
- PÁRA
- SLUNCE
- TURBÍNA
- VÍTR

9 - Archeology

```
A D A H Á Z N E Z N Á M Ý A R L
R N U E Y J I K Z L S V H I G R
O E A I H O D N O C E N Í X Ý I
A B L L J I S M Ý T U B F F K K
W J P I Ý J V Á L P W C Y I Ě K
R W O S K Z H R N Č Í Ř S T V Í
J F U O I V A H U M N D A S O N
H E U F W J I C E P K A W O R M
S R F Ý T U N E M O P A Z K A U
T M O W O B J E K T Y D H V T K
A O S B P O T O M E K H Y R S Z
R J N D K Í N R O B D O A É M Ý
O A M E C A Z I L I V I C R H V
V H J H L O X B L G N P A A X C
Ě Y C D N K E Y U O B J O E J A
K X C V A N N I E D H J A H L T
```

ANALÝZA
STAROVĚKÝ
STAROVĚK
KOSTI
CIVILIZACE
POTOMEK
ÉRA
HODNOCENÍ
ODBORNÍK
ZAPOMENUTÝ
FOSILIE
ZÁHADA
OBJEKTY
HRNČÍŘSTVÍ
RELIKVIE
VÝZKUMNÍK
TÝM
CHRÁM
HROBKA
NEZNÁMÝ

10 - Food #2

```
M S M V N I U S T G Y L X W F T
N M B C F A D T O U U Y X F A Z
Y P I T H J M H J I Y U N T A L
J A B L K O A B Y R E L E C K C
R K Y B E P D R L E D I C G Y H
K N O V L T Á Ý T L E J J B G O
F U B G I Ř L S U Y R Y E A B U
W Š Ř W L E O Z U R Č X V N R B
D E D E P Š K L N S S O T Á O A
P J R X N E O L P X H P K N K H
R B A N W Ň Č L E Š R H P T O J
Ý B J H R O Z E N B E Y D J L U
Ž N Č B J K Z T D N U N I W I K
E B E J O G U R T U F N I F C B
P H K I A X M A O B E P H C E J
S Z T T Y I O J M W L H B Z E Y
```

JABLKO
ARTYČOK
BANÁN
BROKOLICE
CELER
SÝR
TŘEŠEŇ
KUŘE
ČOKOLÁDA
VEJCE

LILEK
RYBA
HROZEN
ŠUNKA
KIWI
HOUBA
RÝŽE
RAJČE
PŠENICE
JOGURT

11 - Chemistry

```
M V N Z É K C I L A K L A F M V
M O A B H A M T A L Í Y Ý G W R
T D R N A T N O I U L U N N J D
G Í Z Y I A P G C K S T R E F Ý
G K N L T L R E M E Y J E L T V
V V O P I Y A P G L K U D P T O
F U M E H Z H P V O H R A B L M
U G V W P Á D R A M D R J D F O
I H H D B T Y O G K Y A Z R W T
X V L W U O X Z E T E P L O T A
Z X D Í U R K Y S E L I N A B W
O I G R K E L E K T R O N X N F
E N Z Y M O R G A N I C K Ý I G
W M K H B P J Y H D V C H L Ó R
H M O T N O S T G M U S Ů L O W
L K E A W N G T H M E W V T O C
```

KYSELINA
ALKALICKÉ
ATOMOVÝ
UHLÍK
KATALYZÁTOR
CHLÓR
ELEKTRON
ENZYM
PLYN
TEPLO

VODÍK
IONT
KAPALINA
MOLEKULA
JADERNÝ
ORGANICKÝ
KYSLÍK
SŮL
TEPLOTA
HMOTNOST

12 - Music

```
K Í N B E D U H P E E Z K E O I
L K A R J S Z X Z T H N Y N Y N
A W C T C D X C F K Z U I U Ý F
S H A R M O N I E J O O L A K D
I Z B F W M I K R O F O N L C L
C P A R R N Y B M M E L O D I E
K Ě L G A C D G E V U X H Y T V
Ý V A L Y R I C K Ý C B I N E T
K Á D H Y V E J P P K K L O O G
C K A S W A B P I O C X M A P U
I Z P Í V A T J O H U D E B N Í
M E N X H B R R E F R É N H X J
T E U B N E K L E K T I C K Ý J
Y G N A H R Á V K A R Y T M U S
R E Y P O E U E F N M I O C M H
H A R M O N I C K Ý V O S A L H
```

ALBUM
BALADA
REFRÉN
KLASICKÝ
EKLEKTICKÝ
HARMONICKÝ
HARMONIE
LYRICKÝ
MELODIE
MIKROFON
HUDEBNÍ
HUDEBNÍK
OPERA
POETICKÝ
NAHRÁVKA
RYTMUS
RYTMICKÝ
ZPÍVAT
ZPĚVÁK
HLASOVÝ

13 - Family

```
V U G Y I Y J L T J O S I M Y M
Z N F V R G G E S A T W N M B A
D H O F T N B G H Y C Ý R T S T
S B N U O K B H B L O B I J L K
Y R W Ř Č M G M E B V R I G A
N A K E D E Ř P S D S U F A E G
O T M T Ě X D K G Ě K V Z K T C
V R A E D N X Ě I T Ý L J O M R
E A N N E V B W T I M A N Ž E L
C N Ž F Č I F P N S D C E R A F
N E E Z E L E S W V T U L I V Z
Y C L Ý K S Ř E T A M V D P D R
U X K Y U P Z D N T M X Í X Í M
L F A D N P Y C V E S S V J T K
R D O A V Z V C B T G H S N Ě X
D K V B O S E S T R A M P L D H
```

PŘEDEK   VNUK
TETA   MANŽEL
BRATR   MATEŘSKÝ
DÍTĚ   MATKA
DĚTSTVÍ   SYNOVEC
DĚTI   NETEŘ
BRATRANEC   OTCOVSKÝ
DCERA   SESTRA
VNOUČE   STRÝC
DĚDEČEK   MANŽELKA

14 - Farm #1

```
V O D A V H E M R R R S H R F I
J W K K C P O S E P Ý L O T C P
L I Í U O S E L E A C Ž E C C I
T N V Ř K O Z A N N W Y E N M W
M G T E P M Y V A E O N Z N H
E I S L H F T Á Y M B W T G V K
D Z L V G N X R L E O C U G R H
P P Ě A K Č O K L S V T L L X U
T V D Y R A A J M W J D V W S
K F Ě V P O L E I I N B R B L A
V P M L M S E V Y V B I Á N C S
Y T E L E X Č N W C O Z N Y S F
E O Z O D A V G X I E O A R P K
Z L F W K F B J H O X N G H N R
E P C F Ů Y Z F B C F D P Z R P
H P P W Ň I P P J Y Y K U V F M
```

ZEMĚDĚLSTVÍ   PLOT
VČELA   HNOJIVO
BIZON   POLE
TELE   KOZA
KOČKA   SENO
KUŘE   MED
KRÁVA   KŮŇ
VRÁNA   RÝŽE
PES   SEMENA
OSEL   VODA

15 - Camping

```
J A C X G K L K A X O K T A N K
J D M K U O K A R O H C X C J D
F O A C G S Z B P Ř Í R O D A Z
H B N A T S Y I Y F J S O L E V
M R H A P A M N M K K T A G J Í
P O Y O L D H A I V L R Z S F Ř
V D P T U J E Z E R O O Ň A I A
K R T V S P L K F N C M E T Y T
L U Z P A J A L M W L Y H K Z A
O Ž L V I F O C O K Á N O E D V
B S Z D C M L Í Í T V K B Y X W
O T E S D L V S R S Z Á B A V A
U V O L G L F Ě W B Í V U K O B
K Í X K Y I Z M V V G T O A S J
F B R B R Y K M D H X S S G J E
K O M P A S K Y D V I S E A K R
```

DOBRODRUŽSTVÍ
ZVÍŘATA
KABINA
KÁNOE
KOMPAS
OHEŇ
LES
ZÁBAVA
HOUPACÍ SÍT
KLOBOUK

LOV
HMYZ
JEZERO
MAPA
MĚSÍC
HORA
PŘÍRODA
LANO
STAN
STROMY

16 - Algebra

```
S D D M G B Y R A D M W R O F T
R O V N I C E D F I A L L D A Y
L I N E Á R N Í N A K N V Č L D
F L A C I O S A W G R P Z Í E A
U G X I N T Y D W R O G O T Š V
X T A T H K H N S A V R R Á N U
Z V J A J A L U N M Á L E N Ý J
E I T M W F D Y U G Z B C Í M N
P R O M Ě N N Á Ř P R O B L É M
E R K L A C W T N E N O P X E L
O B M O S K E T C D Š Z P J L E
V P A Z E Í S U E Y K E M O L Z
I M N R Ý N Č E N O K E N P I I
K O D V V P L G Y G K G G Í E V
Z J E D N O D U Š I T J T C J I
D V X N O J K E P U L W W H X D
```

DIAGRAM
DIVIZE
ROVNICE
EXPONENT
FAKTOR
FALEŠNÝ
VZOREC
ZLOMEK
GRAF
NEKONEČNÝ

LINEÁRNÍ
MATICE
ČÍSLO
ZÁVORKA
PROBLÉM
ZJEDNODUŠIT
ŘEŠENÍ
ODČÍTÁNÍ
PROMĚNNÁ
NULA

17 - Numbers

```
X T C Á N R T Č W P I U T Y T D
B C Ř U G K X B J Ě H V F G N E
L Á Z I Ř T T W X T D G W N A V
G N A Ř N Š E S T N Á C T J D A
B M M Y T Á M J G Z W U E D V T
N S P T S D C B F P I S M E A E
I O N Č V E P T Z O G E A S E N
A E B Z Y V X G M O N D D E O Á
S E D M R Ě T N K V Š M R T D C
S Ý N N I T E S E D E N Z H S T
I W H M F C C S G L S Á F F E M
Y J S J O Á A Á K H T C S S E M
L C Z E D N V O N A G T W F V O
D F M D W T D S H A S W D R L C
V U E E Z A T H U M V E M G L T
C I I N G P B X W K F D G X E N
```

DESETINNÝ
OSM
OSMNÁCT
PATNÁCT
PĚT
ČTYŘI
ČTRNÁCT
DEVĚT
DEVATENÁCT
JEDEN

SEDM
SEDMNÁCT
ŠEST
ŠESTNÁCT
DESET
TŘINÁCT
TŘI
DVANÁCT
DVACET
DVA

18 - Spices

```
Y F R S O K W B K L H F G Z L J
M P S X N J E C I Ř O K S D P W
F I W H J U X C I F R O M A A C
V S M X L K J X C F K R J E P I
Z K A R I K O R O Z Ý N A C R B
Á L N O H S Y R P N S K G I I U
Z É Š A F R Á N I F L O D V K L
V K Č N R V G T E A W U W A A E
O O E K M Í N N M F N J T K L G
R Ř S S Ů L V W Y F V D T S L S
P I N C P R R P K J L G R Í R T
H C E P Ř Í C H U Ť I F C P B T
S E K V A N I L K A X B G K T Y
E J M O J Y Z J A A J T U R U F
W S L G H Ř E B Í Č E K D S Z P
S X J Z V G S K A R D A M O N S
```

ANÝZ
HORKÝ
KARDAMON
SKOŘICE
HŘEBÍČEK
KORIANDR
KMÍN
KARI
FENYKL
PÍSKAVICE

PŘÍCHUŤ
ČESNEK
ZÁZVOR
LÉKOŘICE
CIBULE
PAPRIKA
ŠAFRÁN
SŮL
SLADKÝ
VANILKA

19 - Mammals

```
K C O X O K J W P T B D I R I F
I R C E X G H V E L X C Z L X W
Z Y Á S E E Ň Y S B O B R A K A
V O W L C Y Ů I O D D B L U N R
U F A F Í A K Č O K E L Ý M V K
P H W B S K R T T R B L A K L L
N C C N K Š F W E M N P F L K O
D Y J E Z I K O J O T Y A Í Y K
Ě X H S O L Z O Z N A C R G N A
V E L R Y B A Y S L Z Z I O O N
D C X M W O L G X O J B Ž T L W
E V J K V R I U J P C I U V S A
M O J E Z Z R F S I O Z X J U F
S M S Y E K O Z H C D Y N F O J
T T D F O X G C O E I K P B W L
S X Z E B R A I I A V D V O M P
```

MEDVĚD
BOBR
BÝK
KOČKA
KOJOT
PES
DELFÍN
SLON
LIŠKA
ŽIRAFA

GORILA
KŮŇ
KLOKAN
LEV
OPICE
KRÁLÍK
OVCE
VELRYBA
VLK
ZEBRA

20 - Fishing

```
O S A B V B W V N N O L E T O
Z D A M A V Ž Á B R Y P L Á Ž C
V U O H Ř O Z M V Z H K X O W E
T E T C I D V R Z O Á U G F W Á
O X M S T Á R D E M V X K G G N
C K Í Š O K L W J Z X N U S O R
P Ř E H Á N Ě N Í N E Z Í Ř A Z
K N R A P C T H X L Y B Č C N Ř
G N X S L Z W O Á U O W E W Á E
S I S F O L T C M K Z Ď L J V K
Y X E S U L P C P H L S I E N A
F W Z C T M Z P N R P A S Z A I
Y C Ó T V V O D A D I N T E D U
A E N C E C M G O X W T I R A M
P T A T R P Ě L I V O S T O R W
U W M D P I D S E T N T K J D O
```

NÁVNADA   ČELIST
KOŠÍK   JEZERO
PLÁŽ   OCEÁN
LOĎ   TRPĚLIVOST
VAŘIT   ŘEKA
ZAŘÍZENÍ   VÁHY
PŘEHÁNĚNÍ   SEZÓNA
PLOUTVE   VODA
ŽÁBRY   HMOTNOST
HÁK   DRÁT

21 - Restaurant #1

```
M T N C U J Z H V X O Y H G A Y
Z E A Y X O A V J K N M O K I P
Ž Ů N L T S I P W Y G D Á X K Í
A X Z U Í N T N A K I P O Č Z N
W E F X Z Ř A E I G R E L A K D
K E S U O R B U I I E Ř Č L M A
Á J H F V W A V Z N Z U Í H R L
V O C D U M H P I G E K Š J D K
A S Í M C F N P G R R T N J T O
I A R I S M W X K E V F I Í L P
O M H Z U X G O U D A P C D C P
J W V X M B Y E C I C N E L H X
D E Z E R T O R H E E N K O L T
G G D Y E I Y U Y N F D O H É S
A J Z Y T A K I N C X E V L B F
K Y W Y T W Y Y Ě E J Í S T F K
```

ALERGIE
MÍSA
CHLÉB
POKLADNÍ
KUŘE
KÁVA
DEZERT
JÍDLO
INGREDIENCE
KUCHYNĚ
NŮŽ
MASO
MENU
UBROUSEK
TALÍŘ
REZERVACE
OMÁČKA
PIKANTNÍ
JÍST
ČÍŠNICE

22 - Bees

```
P R H Y J K W L L T H R O J E K
D Y X I Í H Ř E G E M P V E B V
D N L Ú D R B Í F X Y M E D K Ě
E C N U L S O A D W Z A Z C W T
B Y K E O O T Z O L L U L W H I
G E R D E Z D U M Y A P H W E N
D K Á S J Č U A D A R H A Z O Y
H O L X L A L K L R N E X C V T
P S O A L V O S K O T I X H O R
Ř Y V I D O D D I S Z O T P C V
Í S N S R L F A R T Ě V K O E G
Z T A U C Y O Z K L Y P W X S I
N É H U Z P B Z O I P S O W C T
I M T W Z O K B U N X B V P Y T
V P X T M M W U Ř Y M T T I J B
Ý T N A D Y F W K F S O G K S Z
```

PŘÍZNIVÝ
KVĚT
ROZMANITOST
EKOSYSTÉM
KVĚTINY
JÍDLO
OVOCE
ZAHRADA
ÚL
MED

HMYZ
ROSTLINY
PYL
OPYLOVAČ
KRÁLOVNA
KOUŘ
SLUNCE
ROJ
VOSK
KŘÍDLA

23 - Photography

```
T N H F V V C G P O R T R É T Z
Á E F M I Z Ý D E F I N I C E M
M K X U O I L S R Á M O O Y L T
R Z O T H A V I T K E P S R E P
O M P N U S N G D A O B J E K T
F Ě O G T R F T P J V V K J V F
Y K H V D R A V R A B A O J M O
C Č L N Z M A S X M A A W F X T
P I E W O D V S C T P J W U J O
X T D P C Y V W T I C P B W U A
S L O Ž E N Í N E L T Ě V S O P
M Y M D T Í V I Z U Á L N Í R A
J G F T R T G G T S S N H R C R
G L Z S N S Z P W G L H M W C Á
Z D L R Č E R N Á R F A T F Z T
P Ř E D M Ě T L S H K L Z I H V
```

ČERNÁ
FOTOAPARÁT
BARVA
SLOŽENÍ
KONTRAST
TMA
DEFINICE
VÝSTAVA
FORMÁT
RÁM

OSVĚTLENÍ
OBJEKT
PERSPEKTIVA
PORTRÉT
STÍNY
ZMĚKČIT
PŘEDMĚT
TEXTURA
POHLED
VIZUÁLNÍ

24 - Adventure

```
P I T A S G K X Y F G L G T R O
Ř U T T N I R R A P F X Y B Y N
Í Z S I Ý I Á E Z P G E V G V Z
L T O V N T S O N Č E P Z E B D
E N D I Č E A U N P D H Ý O W E
Ž A A T E H R Š A N C E V L I S
I D R K P L N Á K B X S R P A T
T Š U A Z J B A Ř L T V U N V I
O E C B E N B A V A R P Í Ř P N
S N E E B O B P Z I B U I M B A
T Í Y W E V X T Ř E G E T B U C
G R X J N Ý N G L Í M A P T V E
S T A T E Č N O S T R X C M Ý I
O B T Í Ž N O S T R K O G E L X
P Ř Á T E L É M R F P H D P E A
N E O B V Y K L Ý N E G H A T R
```

AKTIVITA
KRÁSA
STATEČNOST
VÝZVY
ŠANCE
NEBEZPEČNÝ
DESTINACE
OBTÍŽNOST
NADŠENÍ
VÝLET

PŘÁTELÉ
ITINERÁŘ
RADOST
PŘÍRODA
NAVIGACE
NOVÝ
PŘÍLEŽITOST
PŘÍPRAVA
BEZPEČNOST
NEOBVYKLÝ

25 - Restaurant #2

```
N X H S V K R O M C E Z X O S H
Ž Á U Ů O D J B P W R Z D F K W
I L P L E Z A Ě O L A H O D N É
D Ž K O L E D D L S K B Z X Č P
L Í E O J C L W É A Č A Y B Í G
E C Y K Ř J H L V L I T H R Š S
D E Ř E Č E V W K Á L O M U N X
N U D L E V N A T D T E T Í G
X K Y E C J D Í E R I J M N K D
G S B V O S I A D O V D P X B K
R O A G V R E D E D E W N I K Y
M N E X O P P N T A T F B Y L Y
N F V M G B M V W P K K V D L
O C B V U L N H O H O P X W J B
M B J T E G Z E L E N I N A E X
A V M H P E O X P Y Y K W P J G
```

NÁPOJ
DORT
ŽIDLE
LAHODNÉ
VEČEŘE
VEJCE
RYBA
VIDLIČKA
OVOCE
LED

OBĚD
NUDLE
SALÁT
SŮL
POLÉVKA
KOŘENÍ
LŽÍCE
ZELENINA
ČÍŠNÍK
VODA

26 - Geology

```
J X W L A L O H B I I T L E J Z
E I L I S O F K R Y S T A L Y E
S J T J D K U U Y L Á R E N I M
K Í N P Á V I K A K P L X P U Ě
Y O E O C C H Y D Y V H S S N T
N H N C P U R S I C C N O R I Ř
Ě B I S Ů L Z E W T U B F Z A E
E K T I T K A L A T S V C P M S
B Z N Y S U A I P L O Š I N A E
I O O O O R M N S S N B I X C N
W N K R N V L A D O J C C W Y Í
D U S N E M Á K P S P A W L U C
T B O M M J V M O Y G K P E P C
K C E I E I A V T S R V A C J K
X U S N Ř Y F A W M K O R Á L L
G G B G K G E J Z Í R X B I N S
```

KYSELINA
VÁPNÍK
JESKYNĚ
KONTINENT
KORÁL
KRYSTALY
CYKLY
ZEMĚTŘESENÍ
EROZE
FOSILIE

GEJZÍR
LÁVA
VRSTVA
MINERÁLY
PLOŠINA
KŘEMEN
SŮL
STALAKTIT
KÁMEN
SOPKA

27 - House

```
C Y S C B D H X S L F L U M D F
G J L E L T T L T W X W J E F S
O C J C N D Z I Ě B L Z O P N T
J I P K Y K E H N M X U A S T Ř
S L B B X P S A A H A L D O P E
I P B O H O E F N W E D V L A C
Ž Á R A G K E K V C I J Z D H H
J B K C X O Č M O N K O I A H A
H Z M G H J Í U H Š N Y P C Y H
A F A P M A L D I F T S M R M S
Ě N Y H C U K S N T V Ě Y Z G L
P L O T R P O D K R O V Í L M N
H V D S H A W Z H O N Á S T U S
L Z E Ř E V D B T I T Z U E C S
V N C D H M V A V A L T V C I A
K E T Y F N Á B Y T E K U N H H
```

PODKROVÍ
KOŠTĚ
ZÁVĚSY
DVEŘE
PLOT
KRB
PODLAHA
NÁBYTEK
GARÁŽ
ZAHRADA

KLÍČE
KUCHYNĚ
LAMPA
KNIHOVNA
ZRCADLO
STŘECHA
POKOJ
SPRCHA
STĚNA
OKNO

28 - Physics

```
U N I V E R Z Á L N Í X M O T A
Z B S E C I T S Á Č V I A V C R
S Y A Z L L K A C U L L G I H E
G J L N J E I K P R V E N L E L
T C U A O A K I N A H C E M M A
A B K P O W V T O G S N T L I T
Z X E X T B N T R R O E I U C I
H C L E V F X R Z O H V S V K V
H M O T N O S T R T N K M T Ý I
V H M D G R O V Y O J E U S P T
Z Z U A H I A Y C M A R S O G A
D K O S N R H H H K D F P L Y N
H V F R T Z C C L Z E V T H R J
C O R K E O E Z E U R R S C S M
E W F R S C T U N M N B D Y P T
C G P E D S E A Í V Ý E T R G G
```

ZRYCHLENÍ
ATOM
CHAOS
CHEMICKÝ
HUSTOTA
ELEKTRON
MOTOR
EXPANZE
VZOREC
FREKVENCE

PLYN
MAGNETISMUS
HMOTNOST
MECHANIKA
MOLEKULA
JADERNÝ
ČÁSTICE
RELATIVITA
UNIVERZÁLNÍ
RYCHLOST

29 - Coffee

```
U K H V M D N S P H B H R K F D
G A T E K X E C O H G N V Y W O
K P E R M R K A H H Y X O S O G
M P T G W T É F Á N R E Č E H O
R L P G C L O M R J I O Z L I N
E P É W P I P Ů V O D E N Ý O Á
V S E K R F N F T M K D F G K P
X R J Ý O G S C T Ě B X D O R O
H K R K A P A L I N A Z O L K J
O H N R N K D L S Ů X X P R U S
M S P O E A O U U V J L Í O D N
M O O H C J V R O H R Y T D D U
P Ř Í C H U Ť I R A H Y Y R X R
O U Y W L R T W B M V H D Ů B J
Y Z C U K R R Á N O P K V D A J
X R K N V B B S B F Z T N A S Z
```

KYSELÝ
VŮNĚ
NÁPOJ
HORKÝ
ČERNÁ
KOFEIN
KRÉM
POHÁR
FILTR
PŘÍCHUŤ

BROUSIT
KAPALINA
MLÉKO
RÁNO
PŮVOD
CENA
CUKR
PÍT
ODRŮDA
VODA

30 - Shapes

```
V I D I S A P P C C X T Z D B X
G Á Z W N I N R Y N A R H N I R
R H L O N A R H E R F U H I R H
Y Y Á E L H C Y R K A H U I L L
E P V M C S T R A N A M V C U I
L E O K Í N L É D B O J I I Y K
I R I O T O R L O J S I I D U Í
P B B U D A U R U B F J Z K A N
S O V L W V Z E S T L K U Ž E L
A L X E N Á M Ě S T Í O R O H E
G A H M O P K G Ř K K U U R E H
B B V S L W R C Á D Ř S S K U Ú
U G O I K R U V D X I B V A D J
C P L C M R H V E Z V H O H V O
K F Z S V V S W K H K V K U X R
P O L Y G O N E E R A F J U A T
```

OBLOUK   ŘÁDEK
KRUH   OVÁL
KUŽEL   POLYGON
ROH   HRANOL
KRYCHLE   PYRAMIDA
KŘIVKA   OBDÉLNÍK
VÁLEC   STRANA
HRANY   KOULE
ELIPSA   NÁMĚSTÍ
HYPERBOLA   TROJÚHELNÍK

31 - Scientific Disciplines

```
M N E U R O L O G I E P Y M L F
E I G O L O I Z Y F Z S I I A M
R F N A I A E V W I D Y V M S F
Z M N E B N I W S E C C R U T S
G Y H Z R B G E G I H H B N R O
I E E T H A O I Z G E O I O O C
J E O C I R L G U O M L O L N I
Z A R L S N O O S L I O C O O O
O K Z G O A I L G O E G H G M L
O I Z Y P G B O H I O I E I I O
L N R X K W I K D Z E E M E E G
O A X F C O S E M E Y Y I D P I
G T V A U K V P R N L B E D P E
I O S W V W C Ě E I M O T A N A
E B B R G O A M D K S E M N Z J
M E C H A N I K A A Z T F G E Z
```

ANATOMIE
ASTRONOMIE
BIOCHEMIE
BIOLOGIE
BOTANIKA
CHEMIE
EKOLOGIE
GEOLOGIE
IMUNOLOGIE
KINEZIOLOGIE
JAZYKOVĚDA
MECHANIKA
MINERALOGIE
NEUROLOGIE
FYZIOLOGIE
PSYCHOLOGIE
SOCIOLOGIE
ZOOLOGIE

32 - Science

```
L E I L I S O F F F Y Z H Č N B
A U X K L G X P Y L I G Y Á K V
B J A P A D N G Z U D Y P S J I
O Z M J E M D R I P C F O T L Y
R G I O F R S E K E V Z T I U I
A W L V L C I A A T A D É C J R
T B K Ý O E S M W W P I Z E A G
O I Y V S K K J E U R H A U D B
Ř B P V P N U U Y N I L T S O R
C H E M I C K Ý L L T M V V R V
A A Y Y P I F G T Y T E Ě G Í Y
X T G R A V I T A C E T D E Ř R
T S O N Č E T U K S A O E D P F
D I N M X N L E F N L D C E P W
O R G A N I S M U S H A S U T I
M I N E R Á L Y P Y M O I X H P
```

ATOM
CHEMICKÝ
KLIMA
DATA
VÝVOJ
EXPERIMENT
SKUTEČNOST
FOSILIE
GRAVITACE
HYPOTÉZA
LABORATOŘ
METODA
MINERÁLY
MOLEKULY
PŘÍRODA
ORGANISMUS
ČÁSTICE
FYZIKA
ROSTLINY
VĚDEC

33 - Beauty

```
R M Y H A F S A Z C D V K E A S
Z Ř T S O L I M Y K O Z A V L B
U A K I T E M S O K W R E X A Y
H S U Š E L E G A N T N Í E W W
B E D X A G M Z Z R C A D L O E
A N O O N M I I C U P Y A G S L
M K R V X D P U E K A M K T E E
B A P U K M F O K U D C N Ž I G
L A K Ů Ž E J E N V Ů N Ě K Ů A
K J R S T Y L I S T A U T Z S N
O U B V H H J N S M V T R N L C
U L U R A D L F D J F B O H U E
Z E B F O T O G E N I C K Ý Ž J
L G W B D C M A Z K A D E Ř B E
O C R P K S R R B W D X R M Y L
D D U O O P A G K R W R K X N O
```

KOUZLO
BARVA
KOSMETIKA
KADEŘ
ELEGANCE
ELEGANTNÍ
VŮNĚ
MILOST
RTĚNKA
MAKEUP

ŘASENKA
ZRCADLO
OLEJE
FOTOGENICKÝ
PRODUKTY
NŮŽKY
SLUŽBY
ŠAMPON
KŮŽE
STYLISTA

34 - To Fill

```
K F T D H K S R N K Š F P O B J
Í A E J H O L N G U U X V B I S
Š Z P A W K O L K F P N R Á G V
O Á P S I L Ž Á B R L E W L G X
K V M V A A K H E I Í S X K Y Z
K Í L E B K A E D G K O U A W J
D R T H T Z K V N O T R A K W G
I H A Y H W B L A Z A S O A J J
N I Z B X A U A Z Á S O B N Í K
H L S M I E R Z R Y S A S V L R
L W A J Y C T Y O E P O V O D Í
V X E C I N E L K S L M Y M C O
X T A Š K A I S Y R Z T K L R F
R F K C P L A V I D L O L E G X
X L G J C C T Y J Z E G W Z O H
P C F D J B A L Í Č E K O S L Y
```

TAŠKA
BAREL
POVODÍ
KOŠÍK
LÁHEV
KRABICE
KBELÍK
KARTON
BEDNA
ŠUPLÍK

OBÁLKA
SLOŽKA
SKLENICE
BALÍČEK
KAPSA
KUFR
ZÁSOBNÍK
TRUBKA
VÁZA
PLAVIDLO

35 - Clothes

```
K U O B O L K E T Á Š X X R Z K
E A S A N D Á L Y T E K E S C N
M R B B O T A Y K K A L H O T Y
A Ě B Á H A L E N K A Š I K S C
R T U F T D M O W O P A X Š O O
Á S N I T Ó I D P M K T Y G O Z
N Á D U I M F H P I W Y P V V K
E Z A S C S B Y M C W D U H A T
O F W D X Á R T E V S S V P O W
O M A Ž Y P V U O H N W Y K J O
W D V Í K T Z Y K L I A D K J T
K U K N R C U O E A L I F J S M
M E W Y E V M X X X V R H M U F
E E R R P O I Y M I T I P G K P
R J D Y Š J J G O G S N C C N W
U U T F H N C V O C F J V E Ě A
```

ZÁSTĚRA
PÁS
HALENKA
NÁRAMEK
KABÁT
ŠATY
MÓDA
RUKAVICE
KLOBOUK
BUNDA

DŽÍNY
ŠPERKY
PYŽAMO
KALHOTY
SANDÁLY
ŠÁTEK
KOŠILE
BOTA
SUKNĚ
SVETR

36 - Ethics

```
A L T R U I S M U S F Z L L H D
D I P L O M A T I C K Ý Z X O Ů
S P O L U P R Á C E C V A B D S
R U C T I V Ý V H D P U T R N T
F O P I T R P Ě L I V O S T O O
I T Z W N S W X B U G V S S T J
L O M U K T O T U L E T O O Y N
O L O H M É E V M C Y S U V R O
Z E U Y N N S G A W C D C I E S
O R D W A M O X R K P I I T A T
F A R O K U Z S I I S L T C L C
I N O N Z Z D J T U T A S O I C
E C S V P O F B S B I A L P S K
X E T N O R H T V F O I F O M X
B E N E V O L E N T N Í A H U M
D O P T I M I S M U S I X C S R
```

ALTRUISMUS
BENEVOLENTNÍ
SOUCIT
SPOLUPRÁCE
DŮSTOJNOST
DIPLOMATICKÝ
POCTIVOST
LIDSTVO
INTEGRITA
LASKAVOST

OPTIMISMUS
TRPĚLIVOST
FILOZOFIE
ROZUMNOST
REALISMUS
ROZUMNÉ
UCTIVÝ
TOLERANCE
HODNOTY
MOUDROST

37 - Astronomy

```
W A V O U J I D K X W U D M A A
M H C C D T S K O D J R O E S Z
H U K E I A M F S R L O E T T J
R R O X O Z M H M U X V P E R M
A K A S R R Ě L O Ž L N O O O O
V O O S E V S Z S I N O I R N M
O R X B T C Í T S C W D Í S O L
N Ě I P S R C N I E B E N O M H
R V I D A E O C M E D N E U V O
E Z E M Ě N R N N K C N Ř H G V
P L A N E T A V A Y U O Á V E I
U Z A T M Ě N Í A U B S Z Ě N N
S G A L A X I E J T T T E Z P A
R A K E T A D A O G O U Y D H Z
W N U R P J V L F V P Ř D Í V X
J B J M O D F J Y O T K N T N Z
```

ASTEROID
ASTRONAUT
ASTRONOM
SOUHVĚZDÍ
KOSMOS
ZEMĚ
ZATMĚNÍ
ROVNODENNOST
GALAXIE
METEOR

MĚSÍC
MLHOVINA
OBSERVATOŘ
PLANETA
ZÁŘENÍ
RAKETA
DRUŽICE
NEBE
SUPERNOVA
ZVĚROKRUH

38 - Health and Wellness #2

```
S V P M F V U J B L A O C K D N
L O O C T R Y L X Y Y N E J H Y
A Y H J W V A V I Ž Ý V O C M F
Z O P K T D K Í U M E T Y Y O A
H C E F A Ž I N B U O P Y N T Y
U Y I X W Á T E D G N E U V N I
J S G J D S E V I C Í L R V O J
P V R I T A N A T O M I E A S M
W A E A E M E T U M A J C V T N
C R L A E N G O E E T P K A P U
L H A T T N A Z W N I S E R T S
F K U S X R E K R E V U F T Y Z
I G T Ť Ý V A R D Z O I N S L P
E S L X W Z T R G N U T I Y I C
N E M O C N I C E I R O L A K W
H E C A T A R D Y H E D N P E F
```

ALERGIE
ANATOMIE
CHUŤ
KREV
KALORIE
DEHYDRATACE
STRAVA
NEMOC
ENERGIE
GENETIKA
ZDRAVÝ
NEMOCNICE
HYGIENA
INFEKCE
MASÁŽ
VÝŽIVA
ZOTAVENÍ
STRES
VITAMÍN
HMOTNOST

39 - Disease

```
T P Y D L V A I C G V S W T L Y
V Ě B T X R N V H K E C D R S W
T S L T L X H B R O M L O E Z K
N R I O T Ý N X O S B X O S Á D
I U F Í Ý B C P N T D U G P N G
J K P B N A A O I I B L M I Ě E
R H T E Č L L E C F Ř W H R T N
K I I D I S Á A K L I Z A A N E
E J S E D G M I Ý W Š H V Č A T
I W B R Ě F M O R D N Y S N K I
P M J N D N Z M D E Í N T Í A C
A H U Í Z D R A V Í T G X M Ž K
R L Y N E G O T A P S K I J L Ý
E V I G I R I D P I J E A G I I
T T L Y E T A L E R G I E B V H
S B N E I T A P O R U E N C Ý P
```

BŘIŠNÍ
ALERGIE
BAKTERIÁLNÍ
TĚLO
KOSTI
CHRONICKÝ
NAKAŽLIVÝ
GENETICKÝ
ZDRAVÍ
SRDCE

DĚDIČNÝ
IMUNITA
ZÁNĚT
BEDERNÍ
NEUROPATIE
PATOGENY
RESPIRAČNÍ
SYNDROM
TERAPIE
SLABÝ

40 - Time

```
T G M N D P S O E H E N H I I R
E I I I E O V T X F K O O T W A
F U N E N D E L O P K C D S N R
J J U T V Ř R O K L R Z I N U H
H K T P R Á N O P J E H N W D O
A O A D B D T Ý D E N T Y B C H
W Y D D U N P M Ě S Í C Í R Y T
X Y E I G E Ř G E N T N P Z A M
U S D Y N L E L F B E U Č Y M O
A V S A Z A D D F V L T J O C R
B T P J K K J S R Y I E M Z R Z
T E P F W D N E S I T Ď T W W L
B U D O U C N O S T E E T D I E
V Č E R A V T O E S S L J V O R
D R K I O H K O L O E U R G X K
D C R T G E T F B M D O M K E E
```

ROČNÍ
PŘED
KALENDÁŘ
STOLETÍ
HODINY
DEN
DESETILETÍ
BUDOUCNOST
HODINA
MINUTA

MĚSÍC
RÁNO
NOC
POLEDNE
TEĎ
BRZY
DNES
TÝDEN
ROK
VČERA

41 - Buildings

```
W U S F D N B F H E K G V T L S
H I Z J F P G X E O T B O O J U
R F C S T O D O L A T R R V N P
H O S T E L A N T L B E V Á U E
T L B Y T A R I M O A V L R H R
L D X M J K H K G K J D X N V M
F A H U A L D Z G Š Y X X A Z A
N V U Z O B S E R V A T O Ř H R
S I T E C I N C O M E N A T S K
F D S U N B J H P H M Ó Z I U E
K P X M Y V Y M C Z K I V T R T
T A L A B O R A T O Ř D M Ě S P
K M B L P D P O W W N A N P Ž N
E R N I N M K Y K M A T O C U C
I A D A N U K P N N O S E V X W
J F S O W A U N I V E R Z I T A
```

BYT
STODOLA
KABINA
HRAD
KINO
TOVÁRNA
FARMA
NEMOCNICE
HOSTEL
HOTEL

LABORATOŘ
MUZEUM
OBSERVATOŘ
ŠKOLA
STADIÓN
SUPERMARKET
STAN
DIVADLO
VĚŽ
UNIVERZITA

42 - Philanthropy

```
P L K V C B N B I O F O N D Y M
D O I M G X O Y A B S B F C J R
M F C J Z U Y A B P O R V A T U
L W K T S P O L E Č E N S T V Í
Á W M J I T Ě D Ř L I K C I I L
D C T I U V R G T I R O E R I T
Í Y H G S L O T O D O N X A E D
L N B U H E J S P É T T C H P W
D I V Ý Z V Y N T Z S A T C D V
A P D V E Ř E J N Ý I K C Í L E
R U T S O R D Ě T Š H T O L B C
O K H T T D K P O I N Y G Y S N
V S F B L V X K V C M S V I Z A
A Y M A R G O R P B V C Z K P N
T T K U B K V N O F X N L N U I
M T N N F U A C B T K R L R I F
```

VÝZVY
CHARITA
DĚTI
SPOLEČENSTVÍ
KONTAKTY
DAROVAT
FINANCE
FONDY
ŠTĚDROST
CÍLE

SKUPINY
HISTORIE
POCTIVOST
LIDSTVO
MISE
POTŘEBA
LIDÉ
PROGRAMY
VEŘEJNÝ
MLÁDÍ

43 - Herbalism

```
Z O L L E R Z X P P W F L D U N
A R D W Z R X V Ř Ř B B Z M E M
H E X F U L S J Í Í A V E C E K
R G Y T J Y K M Z C Z T W V T N
A A N I T Ě V K N H A S Á J T K
D N Á R F A Š P I U L C U M O G
A O V V M E M L V Ť K E N S E Č
M L E Ž R T E P Ý F A R C T O L
A Z L E V O A R O M A T I C K Ý
J E U H R Y Z B O I O D K I G L
O L D T Z S I M M R F Z A F P G
R E N C K I G S A D A S Í Ř P T
Á N A N I L T S O R U F E B R B
N Á V Z X R E L S T Ý I N D R E
K W E N J F É K S Ř Á N I L U K
A B L K Y N E F E S T R A G O N
```

AROMATICKÝ
BAZALKA
PŘÍZNIVÝ
KULINÁŘSKÉ
FENYKL
PŘÍCHUŤ
KVĚTINA
ZAHRADA
ČESNEK
ZELENÁ

PŘÍSADA
LEVANDULE
MAJORÁNKA
MÁTA
OREGANO
PETRŽEL
ROSTLINA
ROZMARÝN
ŠAFRÁN
ESTRAGON

44 - Flowers

```
M M G O A X F B A I R E M U L P
Á Ě J A R N P K V U H L E L C A
K S A K R C E H N Z F U G S Y M
E Í S Ň L D H L E G S D T X R P
Š Č M O I F É I M A Y N U B O E
I E Í V L P G N D K S A L D E L
B K N I I B M F I E S V I U Y I
I U D P E C S M Z E J E P J W Š
M A G N Ó L I E Š P U L Á S C K
Z K V S G V C X U E T Y N I M A
K Y T I C E R N Y F Ř J E T E L
X H M V Z A A R M Z V Í F B C V
Y P Y J A K N E Č U M P K N R Y
S L U N E Č N I C E U D T X H Z
W H S I H U G P K Y U L M U S M
W S E D M I K R Á S K A Y N B L
```

KYTICE
MĚSÍČEK
JETEL
NARCIS
SEDMIKRÁSKA
PAMPELIŠKA
GARDÉNIE
IBIŠEK
JASMÍN
LEVANDULE

ŠEŘÍK
LILIE
MAGNÓLIE
ORCHIDEJ
MUČENKA
PIVOŇKA
PLUMERIA
MÁK
SLUNEČNICE
TULIPÁN

45 - Health and Wellness #1

```
T U Z Z N H S C O N L N M G X S
Z M S A U I J I K Y V R E Ž Ů K
V L P M V F R S V A L Y Y R S S
J C O N C A Z I C W X X B W V N
X N I M B O Y X D T C W S A V Y
M I L K E A B Č É L Z N L K R N
H D K S C N D S H B T B M T E O
U V F P A R I U U D A L H I F M
U M F L X Á K N R Ý G Y C V L R
A L F N A K S G A C M M L N E O
K Y V Z L É Z E O H H F G Í X H
I F P H E L E I P A R E T S M V
N P M X R E I R E T K A B O D P
I R S W Y O V I R U S Š V G V X
L É K A Ř U E B D A C Z Ý E T S
K O S T I T F N A E R X B V R M
```

AKTIVNÍ
BAKTERIE
KOSTI
KLINIKA
LÉKAŘ
ZLOMENINA
ZVYK
VÝŠKA
HORMONY
HLAD

SVALY
NERVY
LÉKÁRNA
REFLEX
RELAXACE
KŮŽE
TERAPIE
DÝCHAT
LÉČBA
VIRUS

46 - Town

```
M J P H A T Z A V R S F L K E N
B U K V D A T I Z R E V I N U G
A O Z I X G S J O R F C K I E A
N T N E N K C H R C V C F H D L
K Í K V U O O Z L O G E H O U E
A V T G A M O B C H O D O V Z R
P T Y A L I W L Š G U S T N K I
A C T R H A N R Á K E P E A V E
L E T I Š T Ě L F J O O L X Ě E
K P S T A D I Ó N T H L V B T G
L U Y F Z W S S V O L D A V I D
I K L É K Á R N A I R E E N N T
N H S C V M C Z H I M A H Y Á C
I I C P Y A V J K R A T U V Ř C
K N S U P E R M A R K E T A Z B
A K K J M C D G R K J T L W Z P
```

LETIŠTĚ
PEKÁRNA
BANKA
KNIHKUPECTVÍ
KINO
KLINIKA
KVĚTINÁŘ
GALERIE
HOTEL
KNIHOVNA

TRH
MUZEUM
LÉKÁRNA
ŠKOLA
STADIÓN
OBCHOD
SUPERMARKET
DIVADLO
UNIVERZITA
ZOO

47 - Antarctica

```
S S J B S J K T X B O V Z E K P
Ý K C E D Ě V M E C A R G I M O
M V A P T Á C I C P M Y T U M L
I R Y L W Y Z V I Y L V T U R O
N J N Z N O U Y D E L O G W A O
E X M V I A C N E U S R T D K S
R T G R A B T K P W X T A A Y T
Á C D G T R F Ý X Z P S I M H R
L J F B V Z P M E C V O D E L O
Y Z W Í N Á V O H C A Z F B G V
V V Á T W L K O N T I N E N T T
D Z U T V I T O P O G R A F I E
P D A D O V Z E M Ě P I S R U A
T T J J P K Í N M U K Z Ý V S M
E C J F V E A E Z N T K P I O Y
U I O I A L W X F R I B K E R I
```

ZÁLIV
PTÁCI
MRAKY
ZACHOVÁNÍ
KONTINENT
ZÁTOKA
EXPEDICE
ZEMĚPIS
LEDOVCE
LED

OSTROVY
MIGRACE
MINERÁLY
POLOOSTROV
VÝZKUMNÍK
SKALNATÝ
VĚDECKÝ
TEPLOTA
TOPOGRAFIE
VODA

48 - Ballet

```
T A R H B A L E R Í N A X E U M
H A T E C H N I K A A X M D O B
K C N D J G F F C G T V Y C T Y
X X L E T A D A L K S U S H F Y
S I O N Č P J V S W O M N O I B
Í H V D N R A Y E N Ě T R N I
N R M T D S Í C S L D L O E T I
V E Y O D C A C H E E E P O E P
I V P T Z M X H I G V C R G N O
S F L X M E W G H A O K N R Z T
E C K E L U V F U N D Ý N A I L
R N Y U O N S N D T G J J F T E
P U B L I K U M B N S A L I A S
X M H H A T H L A Í S C Y E T K
E O O V L V O R C H E S T R G E
P R A X E E S C O S G E S T O L
```

POTLESK
UMĚLECKÝ
PUBLIKUM
BALERÍNA
CHOREOGRAFIE
SKLADATEL
TANEČNÍCI
EXPRESIVNÍ
GESTO
ELEGANTNÍ
INTENZITA
LEKCE
SVALY
HUDBA
ORCHESTR
PRAXE
RYTMUS
DOVEDNOST
STYL
TECHNIKA

49 - Fashion

```
K S Y O S E M T O B V M D P G M
O O B I W C Ě B R Z W O R Ů V V
G Z G P V U Ř U S E F W A V Y E
W D A U S A E V I K N G H O Y Y
Ý H C U D O N D E J R D Ý D V U
L P G S U G Í N R E D O M N A X
Y Z M N L U A O K S R S M Í W M
T U T B N X N U V H J Í V N V O
S O F I S T I K O V A N Ý Z Ý Y
P O H O D L N Ý M C K E W T O O
K R A J K A A P A K X Č H E B R
L Ý K C I T K A R P Z E O X U L
A T W D Í N T N A G E L E T T Z
V Ý Š I V K A N B O R B H U I H
S L A H N T C X U M E O M R K K
T L A Č Í T K A T I S F P A T B
```

BUTIK
TLAČÍTKA
OBLEČENÍ
POHODLNÝ
ELEGANTNÍ
VÝŠIVKA
DRAHÝ
TKANINA
KRAJKA
MĚŘENÍ

MODERNÍ
SKROMNÝ
PŮVODNÍ
VZOR
PRAKTICKÝ
JEDNODUCHÝ
SOFISTIKOVANÝ
STYL
TEXTURA
TREND

50 - Human Body

```
P G V D M R U J I L Z N P R K Z
O M L F O X W W T P O B E S O K
S N B V Z O G X O W O G H V L T
A H O N E M A R E D L M W K E G
R S J S K S E V E R K O V Ů N C
J A K U R I V P A D A R B Ž O U
H G Í L K K R L O L N U E E F H
M D N O H A Ú S T A H K C G W R
T B T S R P T W E L E O D H K V
O F O H Y I R C K Z L S R Č O G
O O K T V Á Ř U O Z Z T S E K U
B S L U Y Z N N L D S I V L K V
J Y B Z I I U F E W N X U I F L
B H N F K V G D C N U E P S E N
W O H P A U D T C Y M F R T L I
J U J G D T K P W A W J T P N F
```

KOTNÍK	HLAVA
KREV	SRDCE
KOSTI	ČELIST
MOZEK	KOLENO
BRADA	NOHA
UCHO	ÚSTA
LOKET	KRK
TVÁŘ	NOS
PRST	RAMENO
RUKA	KŮŽE

51 - Musical Instruments

```
G B D O P M D J P J W X V B H P
H A R F A A N Í L O D N A M O O
T K F X R R E E K B L B N F U Z
G B H F A I B O V O S N Í D S O
X U P P T M U X V H K B R M L U
L R H C Y B B A H B Z Y U I E N
P T A T K A N T É L F J B F F D
P O K L E P V L K X E Z M R I J
O G T G N N H B E S A M A Z Z N
W A B M O M I W O V F S T Y G K
Y F T S I N T R K L A V Í R R Y
B E N D Ž O G K A S A X O F O N
C D O L L E C N O L O I V H Y M
A X F J W C A R H O K N O V Z E
V O E F J Z M N E E N U M P T C
U O F J I B G M X Z W X N P K S
```

BENDŽO
FAGOT
VIOLONCELLO
ZVONKOHRA
KLARINET
BUBEN
FLÉTNA
GONG
KYTARA
HARFA

MANDOLÍNA
MARIMBA
HOBOJ
POKLEP
KLAVÍR
SAXOFON
TAMBURÍNA
POZOUN
TRUBKA
HOUSLE

52 - Fruit

```
N E K T A R I N K A R N M A E Z
D X R K Z P W F W A S N E G N Z
N X T O X S I U J A N I L A M C
S I J P P L K K Z D S A O V E V
G U A V A T M N X H G A U W R Z
M B R O S K E V W B E A N A U J
O K T U G X F N W X F N E V Ň A
B A N Á N N O R T I C A Z O K B
P A P Á J A A J S W U N O K A H
B R O L V J G M A X A A R Á U X
J O Y U F J H K R B O S H D Z Z
B H B Z T P J I O L L X A O N A
E A G U H T A W L T T K W W T U
V A T O L H R U Š K A S O K O K
C U P I Ň E Š E Ř T A Z E E O Z
C S K D Y U N D A I Y A Z V L C
```

JABLKO
MERUŇKA
AVOKÁDO
BANÁN
BOBULE
TŘEŠEŇ
KOKOS
OBR
HROZEN
GUAVA

KIWI
CITRON
MANGO
MELOUN
NEKTARINKA
PAPÁJA
BROSKEV
HRUŠKA
ANANAS
MALINA

53 - Engineering

```
Y K Á P L S S H L O U B K A U R
B F O N R Í T E Č O P Ý V N F Y
V R N N M L R O T O M U M V J H
Y C D O S A O R R F B N G F X N
Z Z R H D T J Ú H E L T A N X D
P Z R O K Y R Ě M Z O R W W K B
Z R J P Y E C U B I R T S I D N
F P Ů I V D N A K W Z P W Y L W
K E S M Z W C R Z C E J F F G T
A Z R A Ě S J U W E E Z A P C S
P R Y R M R S T A B I L I T A A
A Z A G H H D K T X O G K U L N
L H V A I N Y U A N S M R K A W
I C G I P P C R V R A U K E I Z
N L W D N A F T A E I E I D N V
A M Ě Ř E N Í S H B X S O C G E
```

ÚHEL
OSA
VÝPOČET
KONSTRUKCE
HLOUBKA
DIAGRAM
PRŮMĚR
NAFTA
ROZMĚRY
DISTRIBUCE
ENERGIE
PÁKY
KAPALINA
STROJ
MĚŘENÍ
MOTOR
POHON
STABILITA
SÍLA
STRUKTURA

54 - Kitchen

T	U	B	R	O	U	S	E	K	L	W	X	P	H	L	R
N	Y	D	O	T	U	R	F	H	Ž	T	T	N	M	Z	R
K	L	Č	N	V	W	L	X	E	Í	P	O	O	K	M	E
O	X	E	I	Y	L	B	J	B	C	E	H	S	F	O	A
Ř	B	L	F	N	Á	B	Ž	D	E	C	I	V	N	O	K
E	T	W	A	A	K	Č	I	N	D	E	L	V	A	I	Č
N	F	O	Y	R	U	Y	X	J	Z	R	P	T	A	Z	A
Í	K	F	G	V	T	P	V	S	Y	H	K	X	B	A	R
C	L	Y	M	Í	S	A	V	I	D	L	I	Č	K	Y	Ě
G	M	P	V	A	Í	I	O	Y	B	H	O	U	B	A	B
I	A	Z	H	W	J	F	N	N	F	H	Y	B	K	F	A
H	B	J	Z	S	L	Í	G	N	W	N	M	R	M	G	N
N	U	A	U	G	Z	X	D	Z	Á	S	T	Ě	R	A	C
P	O	M	R	A	Z	Á	K	L	I	R	G	C	I	S	U
Y	R	Ž	D	H	Y	Z	N	W	O	F	L	W	Y	L	S
Y	T	B	E	C	I	N	E	L	K	S	L	E	H	U	S

ZÁSTĚRA
MÍSA
TYČINKY
JÍDLO
VIDLIČKY
MRAZÁK
GRIL
SKLENICE
DŽBÁN
KONVICE

NOŽE
NABĚRAČKA
UBROUSEK
TROUBA
RECEPT
LEDNIČKA
KOŘENÍ
HOUBA
LŽÍCE
JÍST

55 - Government

```
Z Á K O N N S T Á T C R C S M N
P O M K X E I C A R K O M E D U
O K I A L Z D I S K U S E R B T
M B J P H Á O R S J L M C K M Y
N I O K M V I O I C A E D O E D
Í D H Z B I P V Z F K Z Ů Z Í J
K N K Z Í S C N C Y I L V R V N
Í T B L N L A O W T T D I I T Z
N Á R O D O G S P L I F W D S L
L M N B U S O T R G L V B A N A
I U F M O T A D O B O V S J A Ý
V Y R Y S E T H J C P D C Z Č I
I I B S D D C X E L B G N U B Z
C O T H O H N A V A T S Ú W O R
S P R A V E D L N O S T O P Z V
R H C K A O U N P O T U B I B H
```

OBČANSTVÍ
CIVILNÍ
ÚSTAVA
DEMOKRACIE
DISKUSE
OKRES
ROVNOST
NEZÁVISLOST
SOUDNÍ
SPRAVEDLNOST

ZÁKON
VŮDCE
SVOBODA
POMNÍK
NÁROD
KLIDNÝ
POLITIKA
PROJEV
STÁT
SYMBOL

56 - Art Supplies

```
N W J A K U D F T E D E Z L Y H
S F N X P A P Í R C D Y U R M B
T S O V I Ř O V T D E B H A P S
O P A S T E L Y V R A B J K K A
J T Á R A P A O T O F U L V M A
A D O V L Y R K A U E D P A M C
N C P A X E L D I Ž Ž S O R E R
M M H M S U P E R U R K A E C P
R T S U O K N I Y J Í L Y L X M
N H S G J L V B D O D Ů J Y R P
E G W H P F E N A L E T K E V B
E C K L Y E V J P A O S G B M F
M W L A J F E Č Á T R A K L G A
S A Y Í L H U É N Ě V E Ř D U U
Z B F V F K E K M M T I U C B R
S Y Y T N O N N R I Z O Y D C L
```

AKRYL
KARTÁČE
FOTOAPARÁT
ŽIDLE
DŘEVĚNÉ UHLÍ
JÍL
BARVY
TVOŘIVOST
STOJAN
GUMA

LEPIDLO
NÁPADY
INKOUST
OLEJ
PAPÍR
PASTELY
TUŽKY
STŮL
VODA
AKVARELY

57 - Science Fiction

E	K	O	Z	Y	T	O	B	O	R	V	G	Y	Z	Z
X	P	I	Y	G	E	I	P	O	T	U	Ý	S	I	O	J
T	E	B	N	U	C	E	T	Š	Ě	V	N	B	L	Ý	D
R	L	W	X	O	H	H	O	A	V	Y	M	O	U	K	V
É	B	P	H	I	N	I	R	A	S	O	E	U	I	C	T
M	U	R	J	D	O	D	G	A	H	F	J	U	M	I	H
N	R	M	Y	F	L	P	A	H	R	A	A	L	A	T	C
Í	T	Y	L	Z	O	P	V	O	A	F	T	U	G	S	F
G	E	Z	D	P	G	Z	E	Y	V	J	O	I	I	A	G
E	I	L	Á	K	I	M	E	H	C	O	H	L	N	T	A
C	P	U	N	Z	E	U	G	I	Ň	I	U	U	Á	N	L
B	O	O	M	C	P	L	A	N	E	T	A	Z	R	A	A
H	T	G	O	K	S	Z	H	K	H	H	A	E	N	F	X
W	S	C	N	G	A	T	O	M	O	V	Ý	V	Í	W	I
O	Y	F	U	T	U	R	I	S	T	I	C	K	Ý	S	E
E	D	E	I	V	R	K	D	P	Y	R	L	F	I	V	Y

ATOMOVÝ
KNIHY
CHEMIKÁLIE
KINO
DYSTOPIE
VÝBUCH
EXTRÉMNÍ
FANTASTICKÝ
OHEŇ
FUTURISTICKÝ
GALAXIE
ILUZE
IMAGINÁRNÍ
TAJEMNÝ
VĚŠTEC
PLANETA
ROBOTY
TECHNOLOGIE
UTOPIE
SVĚT

58 - Geometry

```
E Z A X L O N Z D D R U K H W W
M S A G K Í N L E H Ú J O R T K
Y U A E R O V N O B Ě Ž N Ý U N
C Y Z C N F N P C V H C E X T H
H O R I Z O N T Á L N Í G S R R
B G Ě N Á I D E M S Z H G T P P
P M M V I E U K R Y Z H N N X H
A J O O O R G B A M S D P E O I
H R P R H V A V I E Z N E M I D
H M F V Ý Š K A D T N Č T G B T
V P O R Y I I K P R C P Í E Z X
U R Y T M R G V O I G K J S G C
W X A J N I O I V E F M C W L L
V P X E E O L Ř R Ě M Ů R P E O
T E O R I E S K C M C E S O H E
V Ý P O Č E T T H A B V B E Ú Y
```

ÚHEL
VÝPOČET
KRUH
KŘIVKA
PRŮMĚR
DIMENZE
ROVNICE
VÝŠKA
HORIZONTÁLNÍ
LOGIKA

HMOTNOST
MEDIÁN
ČÍSLO
ROVNOBĚŽNÝ
POMĚR
SEGMENT
POVRCH
SYMETRIE
TEORIE
TROJÚHELNÍK

59 - Creativity

```
P P N P L U R Í N N Á T N O P S
R V G Á Ř H U N E V E E I E N L
A Ý Z P P E H W L Ý S K J C M P
V K Z F Ý A D V E R R U A A O B
O C B Z K J D S I A L T S R E P
S E M O C E D Y T Z M O N I T G
T L E S I C O V O A R S O P C U
C Ě J A T I V L P H V T S S T A
X M O L A U E L C O X I T N H T
B U D Y M T D O B R A Z V I B I
E U E K A N N K Y T D V E O Y L
V I Z E R I O S E U I K D L S A
I F Z F D D S L H V P Y V M Y T
L M G W Y A T I Z N E T N I E I
L Z W F D V Y N A L É Z A V Ý V
T R C L P D R M E V L H F P K Z
```

UMĚLECKÝ
PRAVOST
JASNOST
DRAMATICKÝ
EMOCE
VÝRAZ
TEKUTOST
NÁPADY
OBRAZ
PŘEDSTAVIVOST

DOJEM
INSPIRACE
INTENZITA
INTUICE
VYNALÉZAVÝ
POCIT
DOVEDNOST
SPONTÁNNÍ
VIZE
VITALITA

60 - Airplanes

V	O	D	Í	K	E	G	J	W	W	T	Í	D	D	T	F
K	M	T	X	C	J	K	P	E	Y	F	C	O	R	U	M
R	O	O	W	G	C	E	N	I	E	M	Í	B	U	R	L
Y	X	N	T	M	Z	U	U	R	L	P	J	R	C	B	K
F	T	I	S	O	U	P	G	O	U	O	U	O	A	U	X
B	C	K	P	T	R	A	R	T	T	L	T	D	F	L	I
X	I	H	W	S	R	Ě	M	S	R	Y	S	R	E	E	S
P	A	L	I	V	O	U	C	I	V	J	E	U	B	N	N
V	K	D	C	C	C	W	K	H	O	I	C	Ž	H	C	H
W	D	C	B	A	L	Ó	N	C	P	D	D	S	Z	E	E
C	Á	L	U	K	U	B	G	I	E	G	K	T	R	L	F
P	S	U	K	Š	S	E	S	T	U	P	N	V	C	S	U
C	O	D	L	Ý	S	B	V	U	L	M	I	Í	T	Z	D
J	P	L	M	V	W	E	A	T	M	O	S	F	É	R	A
V	Z	D	U	C	H	N	P	G	B	D	E	S	I	G	N
C	F	N	H	S	P	Ř	I	S	T	Á	N	Í	C	J	E

DOBRODRUŽSTVÍ
VZDUCH
ATMOSFÉRA
BALÓN
KONSTRUKCE
POSÁDKA
SESTUP
DESIGN
SMĚR
MOTOR

PALIVO
VÝŠKA
HISTORIE
VODÍK
PŘISTÁNÍ
CESTUJÍCÍ
PILOT
VRTULE
NEBE
TURBULENCE

61 - Ocean

```
H E C I Ř T S Ú K Á Ň U T K K V
M K K X B A I C S R L M Y O V V
K H R K K V S D P S A P R R A M
G K E H Y L P Y K B B W Á O D
P M V K G E E S U I U Ú N L I S
W L E X G Ž C J P Y O T P Ž O E
D D T M J T C H L V H E X R I S
Z Y A J S U R A A I E S E A L J
Z I B K F U F Y Z L Ř Z L L D P
H I Y W Y A M D Z Í U W J O A F
M R R D E L F Í N Ř O H Ú K F I
E A L V S Ů U T U P B L A L B H
D O E A E S C H O B O T N I C E
Ú X V U E H D R X Z S E R U S J
Z G F I V S F D R Y B A Y C M Z
A B C V B N X H E C U E Y O V A
```

ŘASY
KORÁL
KRAB
DELFÍN
ÚHOŘ
RYBA
MEDÚZA
CHOBOTNICE
ÚSTŘICE
ÚTES

SŮL
CHALUHA
ŽRALOK
KREVETA
HOUBA
BOUŘE
PŘÍLIVY
TUŇÁK
ŽELVA
VELRYBA

62 - Force and Gravity

```
R O Z I T S O N T S A L V A L S
L Y S M C K B B R A A K R U U J
C K C A G Z Í T H K O J I F F D
A D N H I O H D V Z K V I E N Y
D U F X L T A K I N A H C E M N
A O X G V O T S O N B Y H D X A
X X P Y Y N S S I Z O B J E V M
T B V A Y Z A T S O K I L E V I
T L A K D B Č G D M U R T N E C
H Y T U N I V E R Z Á L N Í D K
T Ř E N Í V Z D Á L E N O S T Ý
M A G N E T I S M U S N X H P O
D T E U E K Z E X P A N Z E M U
F Y Z I K A H M O T N O S T S V
U V J E X S A Y E V V P E P P M
T A C W P M E B O F F F Y S O F
```

OSA
CENTRUM
OBJEV
VZDÁLENOST
DYNAMICKÝ
EXPANZE
TŘENÍ
DOPAD
MAGNETISMUS
VELIKOST

MECHANIKA
HYBNOST
OBÍHAT
FYZIKA
TLAK
VLASTNOSTI
RYCHLOST
ČAS
UNIVERZÁLNÍ
HMOTNOST

63 - Birds

```
U V T N M V D K L J T X M V P V
K K K U W D B P W A K M X G H R
R I N O K L B K U E A W P E O A
B I P E K A A G U L R Y G R L B
K P O T N U N I P A E F B O U E
A A R S D R H T C G A T Z L B C
C P E A I H J P Á Č A E K K I T
H O L X Z U L L T L Z V E W C K
N U Z X T O W A J G L H R N E A
A Š T N U M B M P R S V Á Á F K
T E E U I O P E Š H U V N K N Č
U K Z B Č Z M Ň T U O I A R A
L A B U Ť Ň C Á R S J P K L I K
Y I A O J O Á K O A E C J E V U
V O L A V K A K S K U Ř E P N K
J P P Á V G O P P O V N S G Z N
```

KANÁREK   VOLAVKA
KUŘE   PŠTROS
VRÁNA   PAPOUŠEK
KUKAČKA   PÁV
HOLUBICE   PELIKÁN
KACHNA   TUČŇÁK
OREL   VRABEC
VEJCE   ČÁP
PLAMEŇÁK   LABUŤ
HUSA   TUKAN

64 - Art

```
S P T O E F M T T X K V M X I J
C U M E K T T L Z X A Ý W A N E
D N R C Í N B O S O T K S M S D
C I K R N A Z Z P S O C F A P N
E W X G E D V Y L Í Č I T L I O
P D S N Ž A H C O S O M Ě B R D
X O P F O L L I J X K A M Y O U
L N E K L Á O I V V G R D C V C
W S L Z S N K V S M G E E X A H
A U Z E I X E L P M O K Ř G N Ý
V Ý R A Z E L U K M U C P H Ý N
A N S Y M B O L R M E S P D E M
T A V P E T I D P Ů V O D N Í Í
S V Y T V O Ř I T N S X N E R Ř
O V I Z U Á L N Í V T T O I S P
P Y K C Z P J J C U S M U V U U
```

KERAMICKÝ   MALBY
KOMPLEX   OSOBNÍ
SLOŽENÍ   POEZIE
VYTVOŘIT   VYLÍČIT
VÝRAZ   SOCHA
POSTAVA   JEDNODUCHÝ
UPŘÍMNÝ   PŘEDMĚT
INSPIROVANÝ   SURREALISMUS
NÁLADA   SYMBOL
PŮVODNÍ   VIZUÁLNÍ

65 - Nutrition

```
Z C O H C F B B K Ý K R O H L T
Y D S M V H K O N Ý V A R D Z O
H F R Y Á W W B C Ý A Z W I K X
J F G A F Č R M K N L R D T T I
A F N O V S K T A E I D Z J I N
O V O C H Í R A L Ž T L E W I Z
S Ť U H C Í Ř P O Á A A W J C D
A Ž I V I N A C R V S T R A V A
C P V J V E B Z I Y K Y V Z K H
H R I F E Š O M E V C H U Ť M M
A O T H A A T R Á V E N Í E B O
R T A L L V G F J J G S O E S T
I E M F P K P A T I S I J L P N
D I Í L W U M T G T P A N M N O
B N N E V T D X H N J R M I B S
X Y O I T V F N I E A G T Y Z T
```

CHUŤ
VYVÁŽENÝ
HORKÝ
KALORIE
SACHARID
STRAVA
TRÁVENÍ
JEDLÝ
KVAŠENÍ
PŘÍCHUŤ

ZVYKY
ZDRAVÍ
ZDRAVÝ
ŽIVINA
PROTEINY
KVALITA
OMÁČKA
TOXIN
VITAMÍN
HMOTNOST

66 - Hiking

```
S D V S K M G J H H J S Z R N B
T B E C A T N E I R O U Y H K H
K V V C F P P Z J D Z M Z L V S
K A M E N Y V M T E C M U G R Y
G P U U Y U K J Ě Y C I P G L O
R A R Y A C L D Ž X I T W X W T
V M E Ů X S J S K U N A V E N Ý
H N A K V G E E Ý M S M P K N K
O I Z T M O F T M P V I N E J O
R W G K A Y D Ú M A V L H M U V
A D O R Í Ř P C G R O K Z P S I
H F H B O T Í N E K D D V O M D
A P T X M B R V K Y A H E V Z D
Y P V N G G G Y Z Z M W L J Á J N
N E B E Z P E Č Í Z L N I N C L
P Ř Í P R A V A A B O T Y Í T J
```

ZVÍŘATA   PŘÍRODA
BOTY   ORIENTACE
KEMPOVÁNÍ   PARKY
ÚTES   PŘÍPRAVA
KLIMA   KAMENY
PRŮVODCE   SUMMIT
NEBEZPEČÍ   SLUNCE
TĚŽKÝ   UNAVENÝ
MAPA   VODA
HORA   DIVOKÝ

67 - Professions #1

```
B D W K W W D T M N H O P E L F
Ř A K É L L D R A R T S E S G D
I T N D H E Y C K N J Z K D V T
N S P K Z S N R B H E O C G D R
S I S Í É G F O N O J Č E C W E
T N Y N R Ř A T T E C U N A T N
A A C Ř F O R I J N G S A Í I É
L I H O C Y G D V X Í I L Č K R
A P O M M H O E G L V K S J Í X
T G L Á A S T R O N O M Y E N Z
É Y O N V K R D L F K C V R B F
R V G Z V O A L O A H X L K E G
J F Y V L U K M E C X E E K D V
K U S O G E G K G I S D V O U C
W G R G R L O V E C I Y Z H H N
K M C K A D V O K Á T N U E W G
```

VELVYSLANEC
ASTRONOM
ADVOKÁT
BANKÉŘ
KARTOGRAF
TRENÉR
TANEČNÍK
LÉKAŘ
EDITOR
GEOLOG
LOVEC
KLENOTNÍK
HUDEBNÍK
SESTRA
PIANISTA
INSTALATÉR
PSYCHOLOG
NÁMOŘNÍK
KREJČÍ

68 - Barbecues

```
G C D F J J S C D A L H F N B W
I J H R K P A V Ě L C X J S K K
H U D B A Z L I T O T É L T H P
X C X W O L Á K I V M S Ů L O Ř
M O B H T T U F G O Á S Y R Á
O N H B V E Y R H U K T Č Z K T
G T H R Y K Č I L D I V W K Ý E
J H A U O Y U M U X Y J R G A L
A C V Z M Y D Ř C F O U I Z T É
J Í D L O O W K E Ř E Č E V A Y
L L A H I X V E G Y I A T B Č Z
G N O Ž E K N O J X A C L V J J
R T H R X O E H C B Y V V S A K
I J D Z T O O T I E C H X V R P
L R O D W C T P H F W D A G B F
L R O D I N A N I N E L E Z R X
```

KUŘE
DĚTI
VEČEŘE
RODINA
JÍDLO
VIDLIČKY
PŘÁTELÉ
OVOCE
HRY
GRIL

HORKÝ
HLAD
NOŽE
HUDBA
SALÁTY
SŮL
OMÁČKA
LÉTO
RAJČATA
ZELENINA

69 - Chocolate

```
J U K F D B K I D G V K O K K A
M Z X G O D T A F M V A Z F V N
W I X F B O É N L S E M E Ř A T
K S N V D B J W Y O L F I E L I
A S E P Ř Í C H U Ť R Y B X I O
R P Ř Í S A D A T É D I D O T X
A I S E R Y S Y S N Y A E T A I
M E J K A R A Š Í D Y B W I J D
E W Y Z O F Z K J O X O A C O A
L V B W T K D J I H C P M K R N
S L A D K Ý O A K A K H U Ý R T
N X F X B V Y S B L V W U L K P
O B L Í B E N Ý K R O H C Ť V E
V G C H X H U U S G E X U S Ů C
L G E T C O Y K C V D W K U N E
S D D N V E I F F G M S R O Ě R
```

ANTIOXIDANT
VŮNĚ
ŘEMESLNÉ
HORKÝ
KAKAO
KALORIE
KARAMEL
KOKOS
LAHODNÉ
EXOTICKÝ
OBLÍBENÝ
PŘÍCHUŤ
PŘÍSADA
ARAŠÍDY
KVALITA
RECEPT
CUKR
SLADKÝ
CHUŤ
JÍST

70 - The Media

```
K O M U N I K A C E T F D V I Z
F L S Y M Ů R P V K C O V G N M
F I Í N Č R E M O K R T E E T T
I Y Ť M S T D H F E M K Ř B E L
N K J G Í L Y F A D Y Y E D L O
A D N Y Z S C Z K I G F J T E T
N D P O Z S T Í T C R O N K K M
C D I I H M Y N A E Z O Ý J T N
O Č B I W I X L Í R A H N A U D
V A E Í N Á V Á L Ě D Z V G Á C
Á S I G E Z I T R R O Z Á N L T
N O M J P W V I B D N I P I N G
Í P N K C L X G U V L R D P Í R
D I X K N O V I N Y I C C Á P Y
L S R O W E N D P O N P H I R D
U Y P O S T O J E C E N I D E J
```

POSTOJE
KOMERČNÍ
KOMUNIKACE
DIGITÁLNÍ
EDICE
VZDĚLÁVÁNÍ
FAKTA
FINANCOVÁNÍ
JEDINEC
PRŮMYSL

INTELEKTUÁLNÍ
MÍSTNÍ
ČASOPISY
SÍŤ
NOVINY
ONLINE
NÁZOR
FOTKY
VEŘEJNÝ
RÁDIO

71 - Boats

```
A N R D W M U R R H N M M C M I
U P Á C G S E H W J R O Y G M U
D Z V M Z M H N M S A C A J D D
T A R V O I V N K V B R R O S X
E Ř O M Y Ř F V O Y I G H C T J
C W V L R K N T T K E J A R T P
I J F E J E A Í V I L Í Ř P K O
N Á M O Ř N Í K A P P N Z T R S
T Á C T D J E Z E R O M F V R Á
E H E J Ó B O C J Ř X G X T E D
H A E C E H N U P T U L E C M K
C G M B O J Á G L S T O Ž Á R A
A K S T S O K C A K O W R Y O W
L J A C H T A X N N F I G P T T
P D O K A J A K O V K P T S O P
E K N X Y R X A K U S W D Z M H
```

KOTVA
BÓJE
KÁNOE
POSÁDKA
DOK
MOTOR
TRAJEKT
KAJAK
JEZERO
STOŽÁR

NÁMOŘNÍ
OCEÁN
VOR
ŘEKA
LANO
PLACHETNICE
NÁMOŘNÍK
MOŘE
PŘÍLIV
JACHTA

72 - Activities and Leisure

```
V Z Y A T U R I S T I K A C K B
M P L A V Á N Í G J L G Z L U E
V C A Í O B F L O G J J W D V O
U E Í N Á V O P U K A N L W S I
M S U Á R B T R E L A X A Č N Í
Ě T R V R Z B K B A S E B A L L
N O X O B B A E E C T D J W F K
Í V D L S J L B K M Z K E Z C O
W A C A H V R G A N P Z L G J N
V T K M I I T Y N S F O O S M Í
P O T Á P Ě N Í B U K I V A B Č
F B H F K C F I H O X E U Á Y K
J F X E C O X O D X L Z T J N Y
S U R F O V Á N Í D B O K B X Í
T E N I S Y R M Y C O B V K A C
Z A H R A D N I Č E N Í X P V L
```

UMĚNÍ
BASEBALL
BASKETBAL
BOX
KEMPOVÁNÍ
POTÁPĚNÍ
RYBOLOV
ZAHRADNIČENÍ
GOLF
TURISTIKA

KONÍČKY
MALOVÁNÍ
RELAXAČNÍ
NAKUPOVÁNÍ
FOTBAL
SURFOVÁNÍ
PLAVÁNÍ
TENIS
CESTOVAT
VOLEJBAL

73 - Driving

```
P G T H K E N Y L P D H V R K V
C A A V N F E C X G T U P O O E
M P L R D V B E D D C R I Ě Z S
O P D I Á T E C I N L I S Y Š G
T P E R V Ž Z N E N E H O D A Í
O V F Y R O P E B R K V T Z I B
R O K F A N E C D G Á O U R B P
K A F H W X Č I L K Ď F A B E B
U Z H B P Z Í L T M A P A Y Z I
R H F I R U C B S F L T K U P S
F W M L O W I N O P K C X B E X
C L C N V X Z S L E Á R E O Č T
E S V P O S P D H G N F Z B N U
W H L V Z H S P C Ř I D I Č O N
P Y L M O T O C Y K L A X Y S E
P O L I C I E M R A M X R B T L
```

NEHODA
BRZDY
AUTO
NEBEZPEČÍ
ŘIDIČ
PALIVO
GARÁŽ
PLYN
LICENCE
MAPA

MOTOR
MOTOCYKL
PĚŠÍ
POLICIE
SILNICE
BEZPEČNOST
RYCHLOST
PROVOZ
NÁKLAĎÁK
TUNEL

74 - Biology

```
J A S S C Z M P P N A C X E O H
O N Y Y V E U E L Ř O V L U S L
P A M N L L T C S A Í W Z W M C
D T B A W S A R Z A Z R K W Ó A
E O I P I Z C B W U Y B O A Z X
N M Ó S V R E N U C Z N U D A M
Z I Z E P T Z O X Ň D C P T N Z
Y E A H A W E M E V K X S E A Í
M E M B R Y O R V N V A O K N C
K O L A G E N O B A K T E R I E
C S A V E C F H V Ý V O J F V L
L S W Y C H R O M O Z Ó M U O S
F O T O S Y N T É Z A Z N D K U
P C H X S A X U N N G A K L L E
R T W A I N J H U Y M H S V Í D
N E U R O N C J V Z X H Z E B F
```

ANATOMIE
BAKTERIE
BUŇKA
CHROMOZÓM
KOLAGEN
EMBRYO
ENZYM
VÝVOJ
HORMON
SAVEC

MUTACE
PŘÍRODNÍ
NERV
NEURON
OSMÓZA
FOTOSYNTÉZA
BÍLKOVINA
PLAZ
SYMBIÓZA
SYNAPSE

75 - Professions #2

```
N Z K E T O A F J J N O S P Z U
X Ř Á N I V O N R J O M C I E Z
R I E O I F I L O Z O F I L M I
R F K C C H I N Ž E N Ý R O Ě L
R A T B M T O L É K A Ř Z T D U
V T U E I A K V M Y C N D O Ě S
B S A C D Z L T N B X C D F L T
F I N Z I B J Í Z Í E L G Z E R
O V O E X X V T Ř G K M M A C Á
T G R L E T I Č U G W D O H Z T
O N T Á O K T U P R U T Z R O O
G I S N W G K P Z U B A Ř A O R
R L A Y H J E L B R K J X D L L
A J H V M W T M A I W B V N O P
F H R L L K E D W H D Y V Í G M
W J S B C K D R A C M F T K I O
```

ASTRONAUT
BIOLOG
ZUBAŘ
DETEKTIV
INŽENÝR
ZEMĚDĚLEC
ZAHRADNÍK
ILUSTRÁTOR
VYNÁLEZCE
NOVINÁŘ
KNIHOVNÍK
LINGVISTA
MALÍŘ
FILOZOF
FOTOGRAF
LÉKAŘ
PILOT
CHIRURG
UČITEL
ZOOLOG

76 - Emotions

```
S G V D D D A I S L M F T M Í R
V P R I R D U O Á Y R D B B L L
T P O R A D O S T J M W G P Á C
S D X K P J A K U M E P C Y S S
O M O N O V H A S B O N A V K I
V H U T Ý J M D I L K H D T A A
A N G T N G E U S T R A C H I V
K Ě C S E M Ý N Ě N L O V U U E
S V C O Š K E S Ý N Č Ě D V K L
A H Ě N U X A P V Z I I F B L Ú
L I N E R W C T L G P M M P I F
B G D Ž Z K G A K S P D L C D U
T I P A V K E Ř P P L M M B N E
K S Y L W Z P I B N W E A P I X
C P I B C I J I K S O N G R T D
J W Y A B K M S K G K D D N Z S
```

HNĚV
BLAŽENOST
NUDA
UKLIDNIT
OBSAH
VZRUŠENÝ
STRACH
VDĚČNÝ
RADOST
LASKAVOST

LÁSKA
MÍR
UVOLNĚNÝ
ÚLEVA
SMUTEK
SPOKOJENÝ
PŘEKVAPIT
SYMPATIE
NĚHA
KLID

77 - Mythology

```
S C S M R T E L N Ý N L S P P N
N T H K B T M E J M Y A G Ř O X
A E V O W W N N P S D B S Í M H
R L B O V B I B W K D Y Y Š S Y
W V F E Ř Á U A N I D R H E T B
E B S I G E N X K E I I R R A L
X X W X G N N Í E R P N O A B E
F J W Y A W B Í E D L T M F O S
N E S M R T E L N O S T A O Ž K
Ž Á R L I V O S T M X J T R S K
A R C H E T Y P E I U G P T T U
F L B V O H L E G E N D A S V L
V Y T V O Ř E N Í E B K E A A T
O N I Z M K U B B S C B E T C U
B O J O V N Í K V G W T G A D R
P Ř E S V Ě D Č E N Í Z B K O A
```

ARCHETYP
CHOVÁNÍ
PŘESVĚDČENÍ
VYTVOŘENÍ
STVOŘENÍ
KULTURA
BOŽSTVA
KATASTROFA
NEBE
HRDINA

NESMRTELNOST
ŽÁRLIVOST
LABYRINT
LEGENDA
BLESK
PŘÍŠERA
SMRTELNÝ
POMSTA
HROM
BOJOVNÍK

78 - Agronomy

```
S X V E D S V A Z I A P J P H S
Y E N E M O C I N U N I Í K N T
S X M A F A Z W E I V I D H O U
S I H E J N V G Č I N U L W J D
Z Y X I N V J R I B L E O I I O
E N S Z V A N D Š K E V L Z V V
M I V T U W D B T R W A K E O A
Ě L E S É T A D Ě V O L P B Z T
D T N Ů T M S R N W R E X M I Y
Ě S K R P C Y C Í V Ý R O B A M
L O O V E C A K I F I T N E D I
S R V O R W D E K O L O G I E X
T K S D O E N E R G I E S H H N
V G K A Z O R G A N I C K Ý N I
Í C Ý W E T T D T T E L Y D W D
H A M R B N S T G Z K O I P K H
```

ZEMĚDĚLSTVÍ
NEMOCI
EKOLOGIE
ENERGIE
EROZE
HNOJIVO
JÍDLO
RŮST
IDENTIFIKACE
ORGANICKÝ

ROSTLINY
ZNEČIŠTĚNÍ
VÝROBA
VENKOVSKÝ
VĚDA
SEMENA
STUDOVAT
SYSTÉMY
ZELENINA
VODA

79 - Hair Types

Š	R	W	T	Y	U	Z	Ý	Č	Ý	D	N	O	L	B	V
J	E	W	G	X	H	É	N	E	T	E	L	P	Y	Z	F
N	A	D	I	A	D	Z	V	R	A	H	H	O	H	P	F
V	R	F	Á	M	D	V	E	N	N	S	C	R	U	C	P
B	L	R	W	A	R	A	R	Á	R	A	M	B	Z	H	B
M	D	N	W	I	Z	K	A	L	D	V	M	Í	K	L	Ý
U	O	S	I	P	G	A	B	P	U	P	C	Ř	M	T	H
Z	L	T	K	T	R	D	P	P	K	W	A	T	I	E	C
M	Ě	K	K	Ý	Ý	E	L	Y	D	Z	N	S	W	N	U
A	A	V	R	D	K	Ř	E	Z	D	R	A	V	Ý	K	S
D	Y	M	W	Ě	T	V	Š	L	K	C	P	X	L	Ý	Z
I	I	Z	S	N	Á	A	A	W	I	I	Z	Y	K	G	D
S	K	H	O	H	R	B	T	J	N	O	R	M	S	H	G
Y	W	A	Z	P	K	Í	Ý	T	S	U	L	T	E	Y	A
G	A	A	O	W	S	L	A	E	N	W	F	G	L	L	G
G	G	U	X	C	V	Ý	M	I	X	L	R	S	M	I	L

PLEŠATÝ
ČERNÁ
BLOND
PLETENÉ
HNĚDÝ
BAREVNÝ
KADEŘ
KUDRNATÝ
SUCHÝ
ŠEDÁ

ZDRAVÝ
DLOUHÝ
LESKLÝ
KRÁTKÝ
STŘÍBRO
MĚKKÝ
TLUSTÝ
TENKÝ
VLNITÝ
BÍLÝ

80 - Garden

```
K M G P P S K T F Z T O P T C K
A V G D I T G A R Á Ž I N R Y R
H J Ě L H R Z A H R A D A Á L E
A A U T U O N Í V G S X N V O N
N D D L I M K R E J A H Í A P R
L X A I T N V I V E R N L G A E
Y L S J C R A R A W E R O N T B
K A P I G E Á V X F T U P Y A X
S C H O L C K V W T L H M O S A
B X R C P I E R N Y X Z A C B A
Y D Á B T V Ř N K Í W R R E M R
J F B D A A V P S X K Y T O L P
S U Ě K V L E V E L P B K R N Y
C U O W K A O R W A D N A R E V
H O U P A C Í S Í T Y Í F G Z R
H T V Y J K J M E M L K U K J W
```

LAVICE
KEŘ
PLOT
KVĚTINA
GARÁŽ
ZAHRADA
TRÁVA
HOUPACÍ SÍT
HADICE
TRÁVNÍK

SAD
RYBNÍK
VERANDA
HRÁBĚ
LOPATA
TERASA
TRAMPOLÍNA
STROM
VÍNO
PLEVEL

81 - Diplomacy

```
H U H G A V U O L M S V X U E M
U F Ř N T P I N Z X P E S K X J
M T V E S U K S I D O L R P M W
A A L S Š B N A D Á L V P J Z A
N T K F Í E K T W E U Y S U S V
I I M I V N Y J Y P S F M W Í
T R G J T G S Í F O R L O Y X N
Á G Ý M S I U H C T Á A K I T E
R E K O N F L I K T C N P B I S
N T S S E B G O L J E E S A H E
Í N N W Č V T H P V F C Y N N N
R I A W E G Y A O B Č A N É Z S
U N Č M L V A U P O R A D C E U
H V B F O Z A H R A N I Č N Í W
Z I O M P N L A O G U X V E X U
N E P T S O N L D E V A R P S I
```

PORADCE
VELVYSLANEC
OBČANÉ
OBČANSKÝ
SPOLEČENSTVÍ
KONFLIKT
SPOLUPRÁCE
DISKUSE
ETIKA
ZAHRANIČNÍ
VLÁDA
HUMANITÁRNÍ
INTEGRITA
SPRAVEDLNOST
POLITIKA
USNESENÍ
ŘEŠENÍ
SMLOUVA

82 - Countries #1

```
K Á R I N E H N D H E N J F B V
E A E Y B I L E A R Z I Y I R E
P J N M B L K P B U T Z G N P N
Š U L A Y Í H A A Z O L I S U E
P R O P D Z G D R N L N C K E Z
A L T T W A M B J A A K N O M U
N I Y Y V R D V H C G M P K A E
Ě T Š D N B B X F U E U A S R L
L Á S O K C E M Ě N N R A L O A
S L K K W G G A F Z E U G O K J
K I O M Y C N R D S M N P O I
O E Z I R E P T S D E U T L B P
N O R S K O T E S E T N Y S T S
B R R T T N X I W E T S A B P R
M R B B W N L V V Y W K L M Y E
H D H T S W T W D B A O K P L C
```

BRAZÍLIE
KANADA
EGYPT
FINSKO
NĚMECKO
IRÁK
IZRAEL
ITÁLIE
LOTYŠSKO
LIBYE
MAROKO
NIKARAGUA
NORSKO
PANAMA
POLSKO
RUMUNSKO
SENEGAL
ŠPANĚLSKO
VENEZUELA
VIETNAM

83 - Adjectives #1

```
E X O T I C K Ý X T N W I Ý W Š
W K P E U N Ý K N E T Ě Ž K Ý Ť
Š Í N Z Ó I C I B M A W M C N A
Ý T I Ž E L Ů D G N X J O E Ž S
Y A Ě X P G P R U Ý T A T L O T
D T M D N C L H V P E M H Ě T N
U E R M R S Y V U O S C W M O Ý
G P K V Z Ý B T T M T C O U T G
X X Ř Y I L W R D A V C E N N Ý
D Y K Í F J L K N L D M A H L I
G A K T M Z X R Y Ý N T O H C O
T Z X R Í N V I T K A R T A J M
S H P K Á V Ý K C I T A M O R A
O Z O E M S M O D E R N Í W M G
T K Z O P Í N T U L O S B A P E
S J Z T N P S Á O B H V Á Ž N Ý
```

ABSOLUTNÍ
AMBICIÓZNÍ
AROMATICKÝ
UMĚLECKÝ
ATRAKTIVNÍ
KRÁSNÁ
TEMNÝ
EXOTICKÝ
ŠTĚDRÝ
ŠŤASTNÝ

TĚŽKÝ
OCHOTNÝ
UPŘÍMNÝ
TOTOŽNÝ
DŮLEŽITÝ
MODERNÍ
VÁŽNÝ
POMALÝ
TENKÝ
CENNÝ

84 - Rainforest

```
F O O Ú S K K L M G D L N P U F
H B B C T U R N D C C V T T Z X
T O N T H S V B R V K H Z Á F S
J J O A M S S N Z T M T I C A H
F Ž V L H X O Ú T X G G A I D U
U I E D I T S O T I N A M Z O R
W V N G J H T T V O Z M I Y R D
W E Í P Ů V O D N Í Č E L M Í Ž
O L Z A C H O V Á N Í I K H Ř U
Ý N N E C B I P K I L A Š S P N
H Í V T S N E Č E L O P S T G G
W C P Ř E Ž I T Í D Y S X L Ě L
Z I E B O T A N I C K Ý A K T E
I U G M I D H P Y H A Z B V W T
R F X P O P E U G D R O D P C P
A T F V N A K C S I M K B X G I
```

OBOJŽIVELNÍCI
PTÁCI
BOTANICKÝ
KLIMA
MRAKY
SPOLEČENSTVÍ
ROZMANITOST
PŮVODNÍ
HMYZ
DŽUNGLE

SAVCI
MECH
PŘÍRODA
ZACHOVÁNÍ
ÚTOČIŠTĚ
ÚCTA
OBNOVENÍ
DRUH
PŘEŽITÍ
CENNÝ

85 - Global Warming

```
O W N L O V O F E D Z M N B L V
S A R K T I C K Ý I U E N U E R
E T D B I G K P R E T Z Z D G P
N C A M I L K R P Z M I T O I O
E H P N J G N T I Ž Í N S U S Z
R Z L E O P J A Z Z Á P C L O G
G W Y U V V O W G C E R R N A R
I R N C Z S I P T E Ď O Ů O T N
E B W T O P N Š U S A D M S I O
G E N E R A C E T L K N Y T V S
T E P L O T Y C V Ě A Í S R A T
H H K D A T A V X B K C L L V U
S C Y N K F V T P Y Z E E Z L I
K Z Z V J P R N H Z B D B K Á K
X Y K E S F D A K R Z Ě M L D M
F U X L D L Y O S D J V D K A R
```

ARKTICKÝ
POZORNOST
KLIMA
KRIZE
DATA
ROZVOJ
ENERGIE
BUDOUCNOST
PLYN
GENERACE

VLÁDA
STANOVIŠTĚ
PRŮMYSL
MEZINÁRODNÍ
LEGISLATIVA
TEĎ
POPULACE
VĚDEC
TEPLOTY
SNÍŽIT

86 - Landscapes

```
A H R Ú T E S W G U Y N F R B R
H O R A D T D V H V M Y R A V
G K Z O E M B X H H P E T R Ž P
E Ř O M C E V O D E L F T U I J
J Ř E K A E O K O P E C J M N E
Z X Z L L S Á Á D E H W J T A S
Í J W Y E G Y N Z D U B V B D K
R M T V B H S V P A C R S P L Y
F H Y P O L O O S T R O V M S N
A X X J Y L E R Ť L E R P N A Ě
V Ú D O L Í T T Š O W E N J P T
Y E Z P H O Z S U T P V A E L P
Y E H F Z Y X O O N I R A Z W I
R M V V F S D Á P O D O V E V X
O S D M C S O P K A F R V R C R
F P L Á Ž M P F Z B G H A O K C
```

PLÁŽ
JESKYNĚ
ÚTES
POUŠŤ
GEJZÍR
KOPEC
LEDOVEC
OSTROV
JEZERO
HORA

OÁZA
OCEÁN
POLOOSTROV
ŘEKA
MOŘE
BAŽINA
TUNDRA
ÚDOLÍ
SOPKA
VODOPÁD

87 - Plants

```
K R R T Ě V K L E S X O O G Y F
S A D A R H A Z L Z F T Y E E A
T R K E T Á V E G E T A C E F Z
R Ó O T E U V S J D L H O H C O
O L J S U V C A K V Ě T I N A L
M F Y I K S B Ř E Č Ť A N W G E
A E X L O E W I N D D J E F Z O
B K E Ř Ř E X Z O N B A M B U S
N O C P E W B H T R Z A V B K H
C V T N N C B O S V A V H O O K
K I Z A W C B W W S Y T J B I K
H J G R N C L C W X H T P U G N
T O A A X I C Z A S M P H L I J
Z N A D L C K D E L X S U E S H
I H C E M O I A N Y H H E F W S
H Y T T Y R Y D R Z J W E V Y Y
```

BAMBUS
FAZOLE
BOBULE
KVĚT
BOTANIKA
KEŘ
KAKTUS
HNOJIVO
FLÓRA
KVĚTINA

LIST
LES
ZAHRADA
TRÁVA
BŘEČŤAN
MECH
KOŘEN
STONEK
STROM
VEGETACE

88 - Boxing

```
Y B D O V E D N O S T L A S J E
Y O H O R Í Č D O H Z O R J F E
Y J R H L N S I E S I F W L W U
P O N N X Ě P G H M M Y V H L U
Z V H I P N T R U K A V I C E A
L N M S I A L Í S D X C W G Z U
I Í X K W R I I E U E H Z C C O
B K X O C Z H V H K E N O V Z L
N R U X O L J Y Ř G F S T E G O
A O A Y J X R Č E I G I A P Y K
K C N D M W L E P A D S V I P E
Y T A O A P V R U Ě V F E O M T
O T L B K H F P O N S D N G J Y
T V K R K O P A S N K T Í O M H
N A U T S P F N M X K B U C J Y
J V L R B F M Ý L H C Y R B V I
```

ZVONEK
TĚLO
BRADA
ROH
LOKET
VYČERPANÝ
BOJOVNÍK
PĚST
OHNISKO
RUKAVICE
ZRANĚNÍ
KOP
SOUPEŘ
BODY
RYCHLÝ
ZOTAVENÍ
ROZHODČÍ
LANA
DOVEDNOST
SÍLA

89 - Countries #2

```
J N J L E X C M A H J J Y D B U
T K O J C G V E I N Á B L A L K
I K L W Y J F X X J B C M K A R
L I B É R I E I R Ý S O A L J A
R X W N N C Y K T R N M S S N J
Y N S N K N U O S I U P K A E I
D Á N S K O G K P O A S E U P N
N T Á W E N A S O D M H K I Á A
I S D D W A N N E A L Á C O L T
G I Ú M X B D O F Y L J L X Y E
É K S H M I A P Ř E C K O S C I
R Á T M R L Y A K J A M A J K P
I P D P L E U J U K R D B H M O
E J Y V E W X S E S V D C E N I
H T Z Z M S Z V M F C M U P E T
L I X G Y I W L K C V U V I C E
```

ALBÁNIE
DÁNSKO
ETIOPIE
ŘECKO
HAITI
JAMAJKA
JAPONSKO
LAOS
LIBANON
LIBÉRIE
MEXIKO
NEPÁL
NIGÉRIE
PÁKISTÁN
RUSKO
SOMÁLSKO
SÚDÁN
SÝRIE
UGANDA
UKRAJINA

90 - Ecology

```
K F M H K M R Í T I Ž E Ř P U G
R L T S O T I N A M Z O R D D A
C F I T Z A Y L F R K H L O R R
Z G S M J D Y Á M J O C K B Ž O
D Ý O G A Ů R B T K M E L R I S
O K W Z R R O O H C U S A O T T
P S H I Ó D H L J A N K W V E L
C Ř F M L O U G P E I H S O L I
Y O Í M F V R C Ř C T V W L N N
W M M R P S D H Í A Y R T N Ý Y
A L O T O A P X R T P N D Í B V
N W Č N H D U S O E P O C C F B
I K Á H Y G N M D G L K L I K B
C T L L W W E Í A E X W M Z W T
J F A U N A C U P V V J I P F E
N N A O D K K G Z T T U S M V J
```

KLIMA
KOMUNITY
ROZMANITOST
SUCHO
FAUNA
FLÓRA
GLOBÁLNÍ
MOŘSKÝ
MOČÁL
HORY
PŘÍRODNÍ
PŘÍRODA
ROSTLINY
ZDROJE
DRUH
PŘEŽITÍ
UDRŽITELNÝ
ODRŮDA
VEGETACE
DOBROVOLNÍCI

91 - Adjectives #2

```
Z N T S M P U Z R J M U K H O Ý
C O R V L L Z T O B N Ý K R O H
X V U A O A B O R U O W S D T C
K Ý E G H Ř N M H F W A E Ý P U
Ý O Y Ý K D I Ý V A R D Z K T S
V Z U V D N M V C O P L E C N Z
O S P A L Ý H W Ý O O X L I T G
D J Z M W O I Z D E P S E T K D
A V N Í B I D H R S I L G N C I
L Y P J T C E P K G S A A E L V
H G O A M Y A X O B N V N T N O
T I S Z S I L N Ý V Ý N T U A K
V Ý R O B N Í L F T Ě Ý N A D Ý
P Ř Í R O D N Í B R X D Í Y A Z
V G X E G X E T N A J Y N B N D
G S P O S H K M D L A E F Ý Ý Y
```

AUTENTICKÝ
TVOŘIVÝ
POPISNÝ
SUCHÝ
ELEGANTNÍ
SLAVNÝ
NADANÝ
ZDRAVÝ
HORKÝ
HLADOVÝ

ZAJÍMAVÝ
PŘÍRODNÍ
NOVÝ
VÝROBNÍ
HRDÝ
ODPOVĚDNÝ
SLANÝ
OSPALÝ
SILNÝ
DIVOKÝ

92 - Psychology

```
Y E E P F O P L U O H U A V P N
K L I N I C K Ý X Y H C P E O E
N X P P M P V Y M U J J F M Z V
E C A H T S O N B O S O T O N Ě
L U R D N J O S W O D T I C Á D
Š E E W T H M Y O X M Ě R E N O
Y Y T E G O T E C U O T V T Í M
M P R O B L É M N D Z A T D E Ý
K O N F L I K T D O L E R L O K
R U G Z C N F R Ě Z V V N Y L P
P L O P G Á B Z T Í N Á M Í N V
O E C N M P U W S P A Z N W O M
C A T I L A E R T U J H H Í I C
I P U G R D O A V F F X J Y D S
T V S L P Y F T Í N Á V O H C J
B J C H G X K S R U G G E D Y G
```

JMENOVÁNÍ
POSOUZENÍ
CHOVÁNÍ
DĚTSTVÍ
KLINICKÝ
POZNÁNÍ
KONFLIKT
SNY
EGO
EMOCE
NÁPADY
VNÍMÁNÍ
OSOBNOST
PROBLÉM
REALITA
POCIT
PODVĚDOMÝ
TERAPIE
MYŠLENKY
NEVĚDOMÝ

93 - Math

```
V T W U P G E O M E T R I E U A
E R K C O W P X V D F Z P L S R
R O E Y L H Ú O E F J K R I I I
O J R P Y N W A L S Í Č X X A T
V Ú O M G N E Z G O J C E S K M
N H V O O V P N G M R F U Í E
O E N V N Z E J Í T S Ě M Á N T
B L O F A Ý C X Z O S M R D L I
Ě N B J B N I S P L G Ů T B É C
Ž Í Ě K K N N X Y O X R O H D K
N K Ž E Z I V I D M N P A S B Ý
Í H N M X T O A U E E E C H O O
K D Ý O A E R D M J R T N Y U B
M T T L M S Z G E B T A R T F V
Z B M Z Y E E S S O C E U I D O
A G F E I D Z Z D T O T M P E D
```

ÚHLY
ARITMETICKÝ
OBVOD
DESETINNÝ
PRŮMĚR
DIVIZE
ROVNICE
EXPONENT
ZLOMEK
GEOMETRIE

ČÍSLA
ROVNOBĚŽNÝ
ROVNOBĚŽNÍK
POLYGON
POLOMĚR
OBDÉLNÍK
NÁMĚSTÍ
SYMETRIE
TROJÚHELNÍK
OBJEM

94 - Activities

```
H Z R N O Y V P D D H M L S R T
R A Ř E W D B X L L C D G R Y U
Y H E I L Y V S B E U T B O B R
M R M H W A T I V I T K A D O I
J A E B C W X A Y I J E T N L S
Á D S R C X M A U C B Í N V O T
Z N L M K N A N C N A N R Í V I
N I A V F X G Í N E Š Ě T O P K
R Č H T P Y I K E R A M I K A A
C E Z N E H E X X R F U D A D A
M N V O L N Ý Č A S H T I F N M
P Í Y N Y T D O V E D N O S T
J Z V R S M T X N K V R C O I Š
F O T O G R A F O V Á N Í X S I
Č T E N Í B Í N Á V O P M E K T
W H O X E G M D D K P L W O U Í
```

AKTIVITA
UMĚNÍ
KEMPOVÁNÍ
KERAMIKA
ŘEMESLA
RYBOLOV
HRY
ZAHRADNIČENÍ
TURISTIKA
LOV

ZÁJMY
PLETENÍ
VOLNÝ ČAS
MAGIE
FOTOGRAFOVÁNÍ
POTĚŠENÍ
ČTENÍ
RELAXACE
ŠITÍ
DOVEDNOST

95 - Business

```
O C Z Y E K O N O M I E H B H Z
S B R O Z P O Č E T E L J A N A
L E C I T S E V N I Z B O Ž Í M
E S G H P G C K S J Í W K B L Ě
V W R G O Y N L Z U N Y A V S S
A R D H R D A Y K Z E Ě N A D T
K N I M I A N P Y S P R C P I N
R A H L D L I T Ř R E S E R O A
E N R J I K F M G Í T X L O J N
T R E I P Á O Ě B H J J Á D R E
D Á Ž U É N N K Z D E Ř E S C
F V A C A R Z A K A P J M J T K
V O N L E T A V A N T S Ě M A Z
M T A P E U F G P V R K P T U L
B E M U W D O C Z G P M I A X
C M E P S N S P O L E Č N O S T
```

ROZPOČET
KARIÉRA
SPOLEČNOST
NÁKLADY
MĚNA
SLEVA
EKONOMIE
ZAMĚSTNANEC
ZAMĚSTNAVATEL
TOVÁRNA

FINANCE
PŘÍJEM
INVESTICE
MANAŽER
ZBOŽÍ
PENÍZE
KANCELÁŘ
PRODEJ
OBCHOD
DANĚ

96 - The Company

```
P Y Z J C J F Í N Á K I N D O P
I R N R N J L Z C J P A P L I R
E N Ů N C K T S Ě V O P P L N E
D V V M R R L G X Í K R Y E O Z
M Ý N E Y D N E R T R K Z W V E
U N G L S S T K L U O V D N A N
R O P W H T L J O N K A R M Č T
E S V R N L I M X D R L O O N A
Ý V I Ř O V T C H O I I J Ž Í C
Y K T O N D E J E H Z T E N A E
M E T T R R U L L Z I A X O E M
S I G M S W T K O O K K H S F C
G L O B Á L N Í T R A K B T K M
P R O F E S I O N Á L N Í Z C X
O P Y O Z C Z A M Ě S T N Á N Í
U N H B W F S D R O V N X X L I
```

PODNIKÁNÍ
TVOŘIVÝ
ROZHODNUTÍ
ZAMĚSTNÁNÍ
GLOBÁLNÍ
PRŮMYSL
INOVAČNÍ
INVESTICE
MOŽNOST
PREZENTACE

PRODUKT
PROFESIONÁLNÍ
POKROK
KVALITA
POVĚST
ZDROJE
VÝNOS
RIZIKA
TRENDY
JEDNOTKY

97 - Literature

```
S K A D Ž T U K X G C T S L Z M
R B M T I R C S R O V N Á N Í E
C C A K V A L U Ě L Y T S V X T
M X K O O G Y M V A Z Ý L A N A
F Ý S K T É B T Á I J O I G E F
A V K H O D A Y Z D B H I A O O
B Y B C P I H R O T U A O O W R
E P F B I E C A N E K D O T A A
L R G W S T Ň F K T É M A L G W
E A B X E A E A N A L O G I E R
T V K Y M I S O M O L F A R J K
R Ě X F P N Á W P M X C S T X N
I Č E J Z I B H R Z S T Y M A N
E P O P I S E K B R N Z C S I G
R O M Á N I B C Y Ý B H P S W W
H F X S B N E Y Z M N X N B P A
```

ANALOGIE
ANALÝZA
ANEKDOTA
AUTOR
ŽIVOTOPIS
SROVNÁNÍ
ZÁVĚR
POPIS
DIALOG
BELETRIE

METAFORA
VYPRAVĚČ
ROMÁN
BÁSEŇ
POETICKÝ
RÝM
RYTMUS
STYL
TÉMA
TRAGÉDIE

98 - Geography

S	E	V	E	R	N	Í	N	O	Z	P	Z	Z	C	O	W
R	Y	Z	A	S	M	Y	O	S	O	I	Á	E	N	K	U
U	D	G	C	G	J	O	N	T	U	S	P	M	J	W	L
S	E	C	W	I	G	U	M	R	K	F	A	Ě	M	E	Z
E	T	P	Y	K	L	K	U	O	W	Ú	D	K	R	A	M
D	K	L	I	R	Z	Í	H	V	W	Z	B	O	H	Ř	I
M	A	P	A	F	A	N	O	I	G	E	R	U	A	E	X
P	U	N	R	U	N	D	A	C	J	M	M	L	T	K	K
M	O	L	O	D	G	E	H	R	Y	Í	M	E	L	A	Í
M	O	L	H	G	A	L	S	N	X	M	Z	I	A	A	N
J	Z	Ř	O	V	U	O	B	N	U	O	K	O	S	U	V
Z	Z	R	E	K	W	P	F	D	D	A	M	Ě	S	T	O
E	G	Z	G	R	O	Z	U	H	Z	L	T	Z	K	Ě	R
O	C	E	Á	N	E	U	D	C	P	N	L	G	O	V	T
O	N	E	S	Y	I	B	L	S	L	E	C	Z	X	S	V
T	J	D	K	G	D	T	N	E	N	I	T	N	O	K	T

ATLAS
MĚSTO
KONTINENT
ZEMĚ
ROVNÍK
ZEMĚKOULE
POLOKOULE
OSTROV
MAPA
POLEDNÍK

HORA
SEVERNÍ
OCEÁN
REGION
ŘEKA
MOŘE
JIH
ÚZEMÍ
ZÁPAD
SVĚT

99 - Jazz

```
J C A I B O R N N D C N Y Z C M
N U U Z M U B L A L N B B U J D
X P Z T P P T A L E N T Ý V O N
S I A U B O R T S E H C R O T Z
H G R B F N T O I S M Z A R Ů D
V P E Y I A I L V G E L T W J E
F E U Y T L K Z E I H E S K E U
Y F X V H M T F T S Z T B W S M
S V Ý Í L B U R D T K A I H L Ě
K O N C E R T S H E X D C Ň O L
B X V I A W R E U C L A F E Ž E
M I A B J Z S N D H K L B S E C
N M L W O A X I B N N K S Í N J
D Z S Z V V D F A I A S T P Í Z
O B L Í B E N É S K M C Y F C X
V E H X J P A U S A W A L S V O
```

ALBUM
POTLESK
UMĚLEC
SKLADATEL
SLOŽENÍ
KONCERT
BICÍ
DŮRAZ
SLAVNÝ
OBLÍBENÉ

IMPROVIZACE
HUDBA
NOVÝ
STARÝ
ORCHESTR
RYTMUS
PÍSEŇ
STYL
TALENT
TECHNIKA

100 - Nature

```
A B R U W N K G X N C M E M K K
K R Y L E Č V Ú T E S Y R L R Z
E Ý K C I M A N Y D L P O H Á E
Ř K A T A Ř Í V Z Y I P Z A S X
K O R O I U A M V O H W E Z A O
B V M Z L C R R I N K O L F L R
X I N Y B O K M T X M Y R I H P
W D I C U P H Ý Á U D A K Y L I
K B D E G D H K L P T E D H E H
G L W V Z D I C N P O U Š Ť S Z
A R I O Z T E I Í W N C P H T R
D V L D N U U P G U Y B H V N R
W H T E N V K O Y L T D B O K N
U S E L O Ý H R A U A L V L V X
F N T N Ě N Y T A V S L I S T U
C D U W D R T Y C F H S G A D N
```

ZVÍŘATA
ARKTICKÝ
KRÁSA
VČELY
ÚTESY
MRAKY
POUŠŤ
DYNAMICKÝ
EROZE
MLHA

LIST
LES
LEDOVEC
HORY
ŘEKA
SVATYNĚ
KLIDNÝ
TROPICKÝ
VITÁLNÍ
DIVOKÝ

1 - Antiques

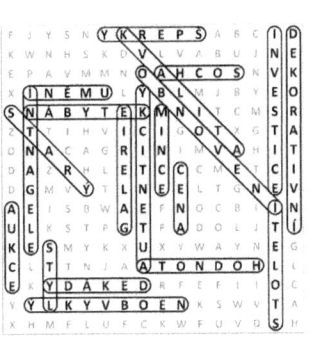

2 - Food #1

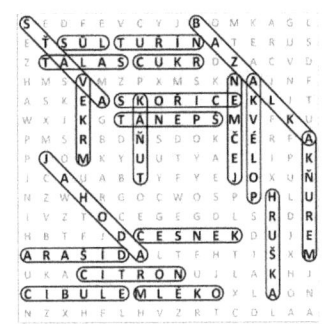

3 - Measurements

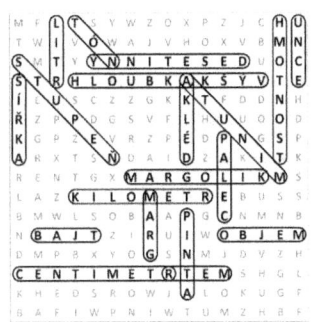

4 - Farm #2

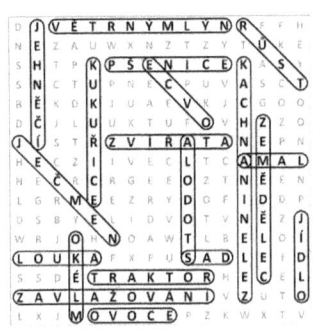

5 - Books

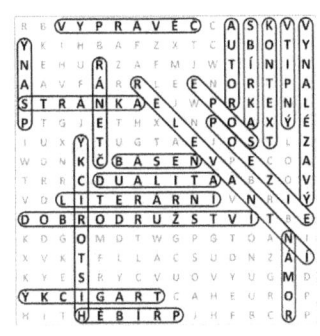

6 - Meditation

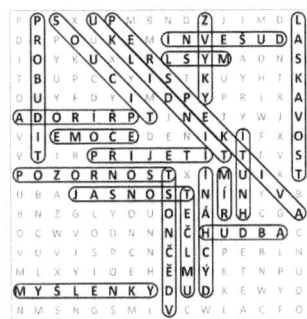

7 - Days and Months

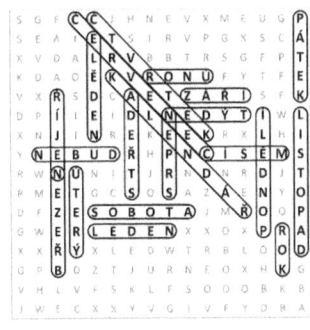

8 - Energy

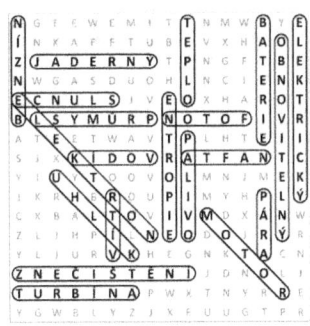

9 - Archeology

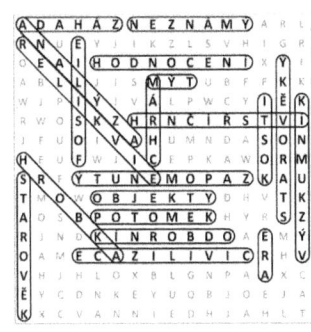

10 - Food #2

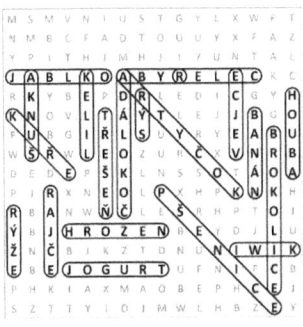

11 - Chemistry

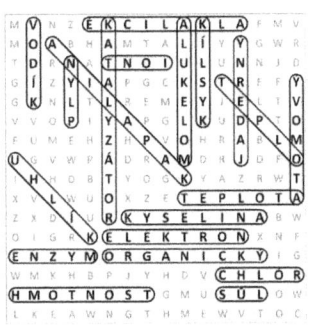

12 - Music

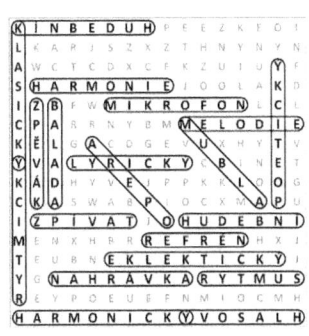

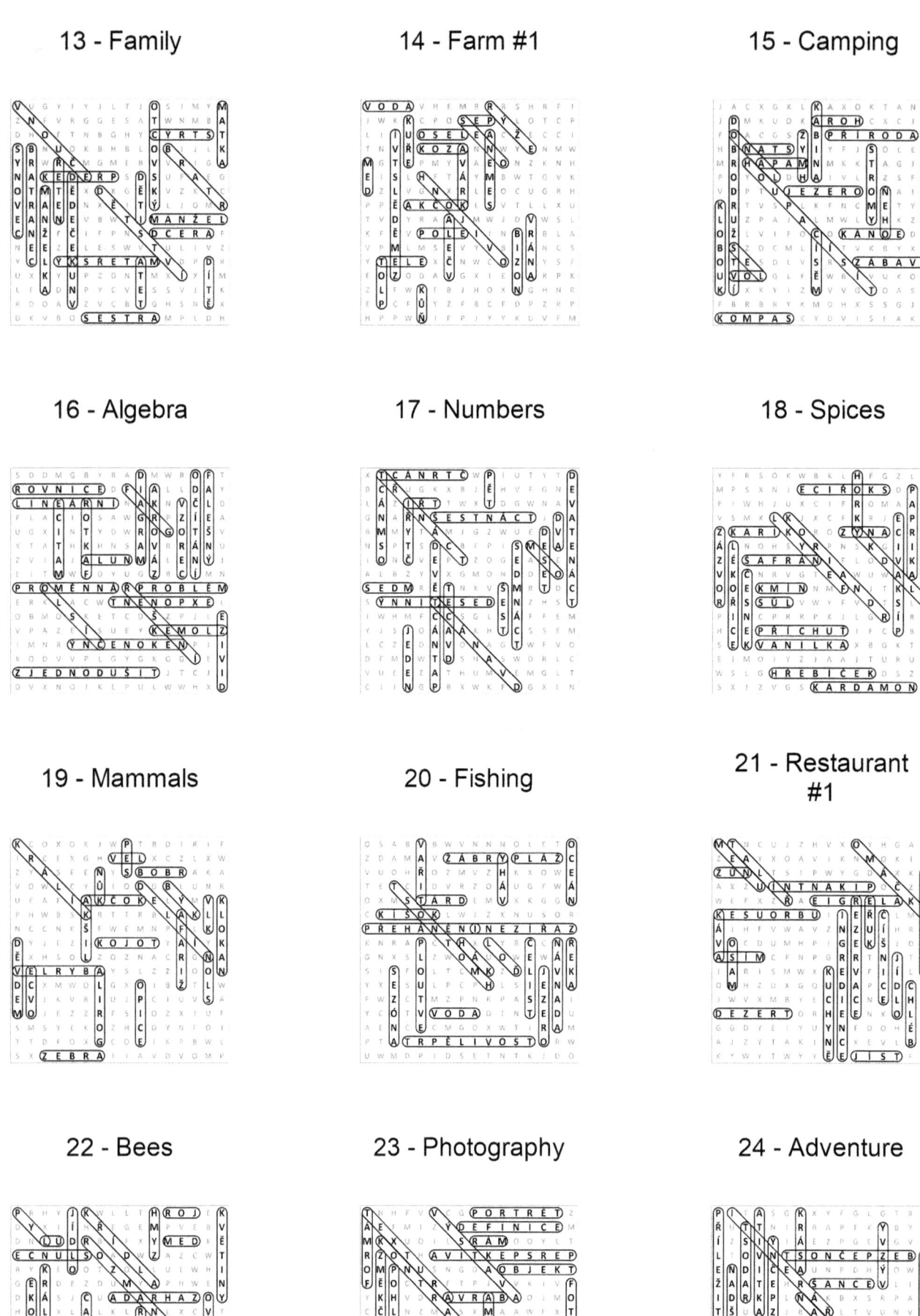

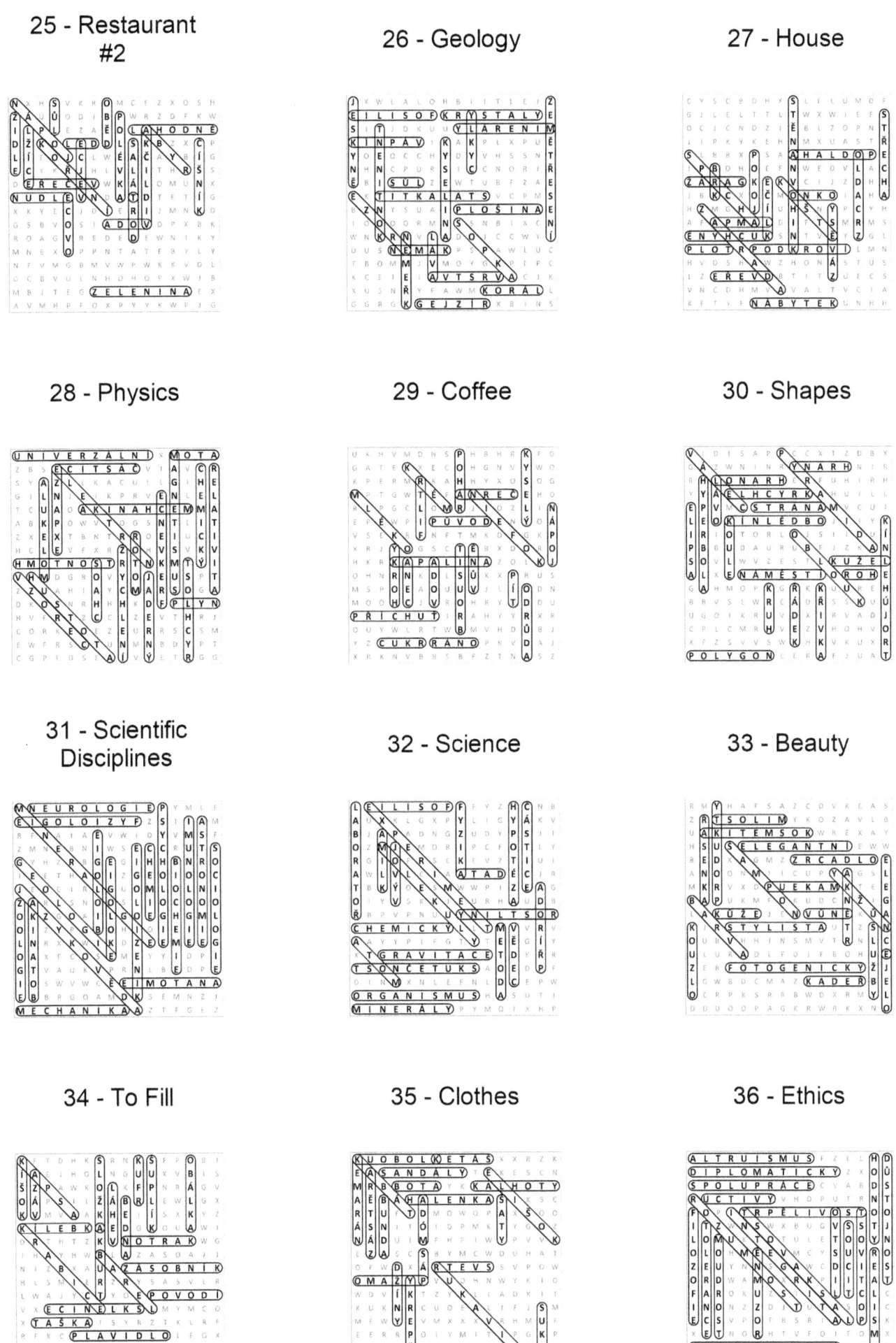

37 - Astronomy

38 - Health and Wellness #2

39 - Disease

40 - Time

41 - Buildings

42 - Philanthropy

43 - Herbalism

44 - Flowers

45 - Health and Wellness #1

46 - Town

47 - Antarctica

48 - Ballet

49 - Fashion

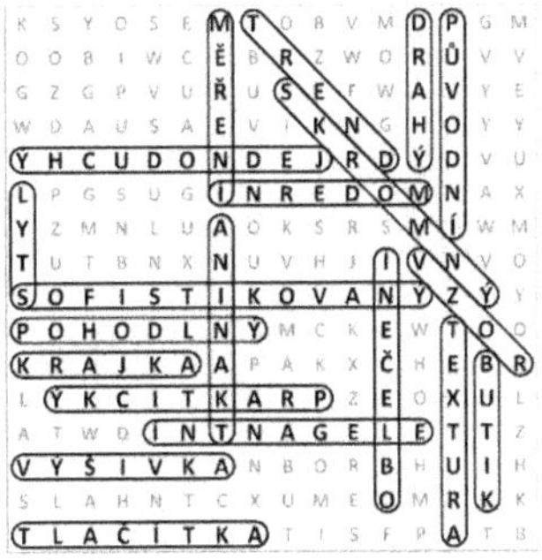

50 - Human Body

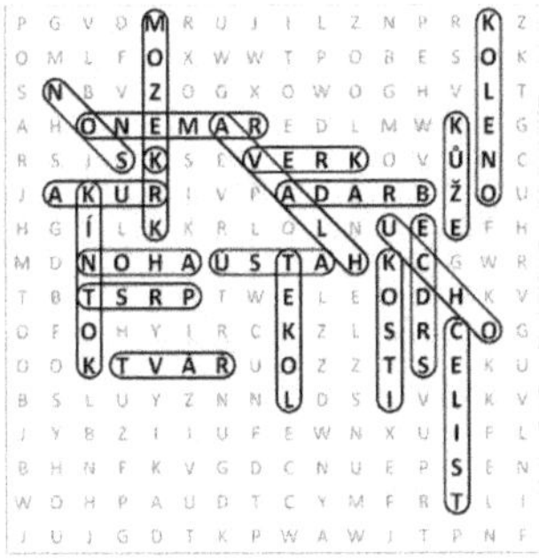

51 - Musical Instruments

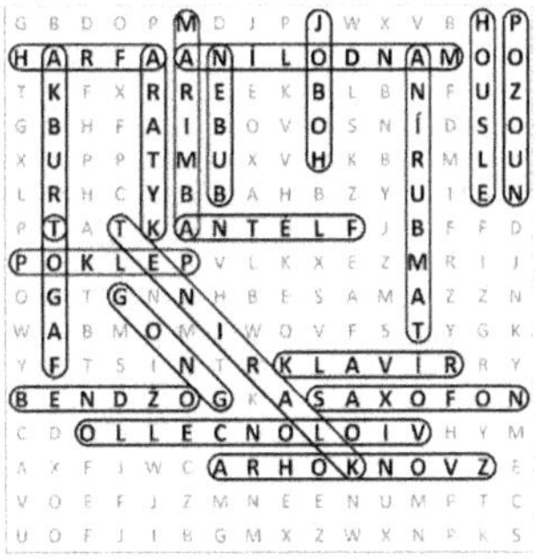

52 - Fruit

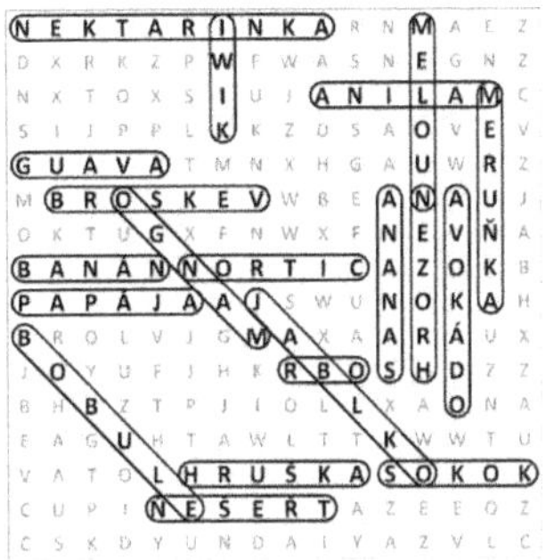

53 - Engineering

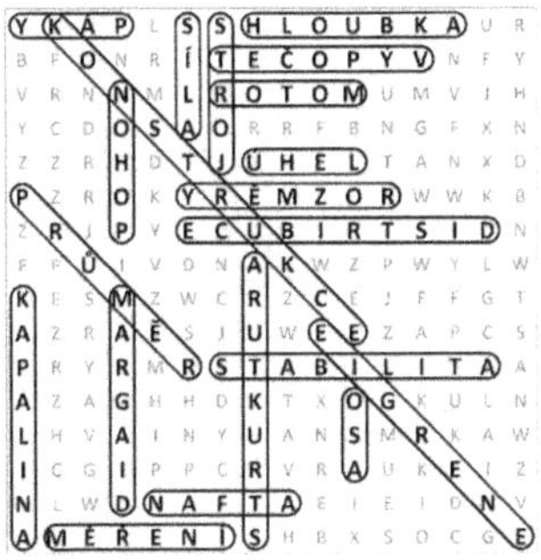

54 - Kitchen

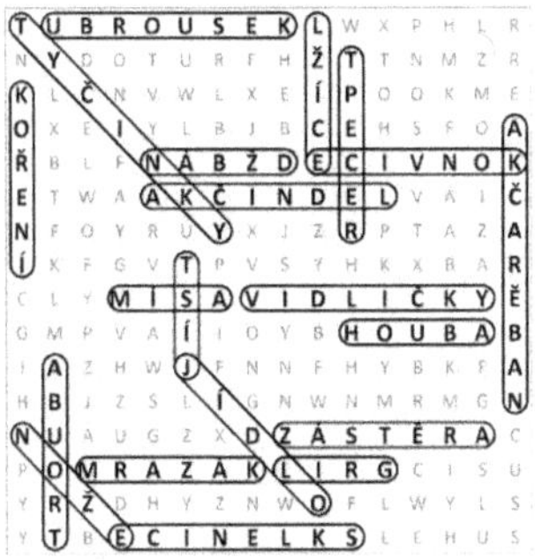

55 - Government

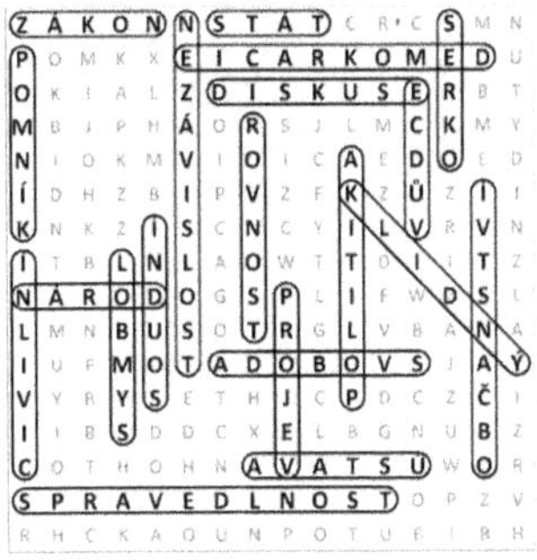

56 - Art Supplies

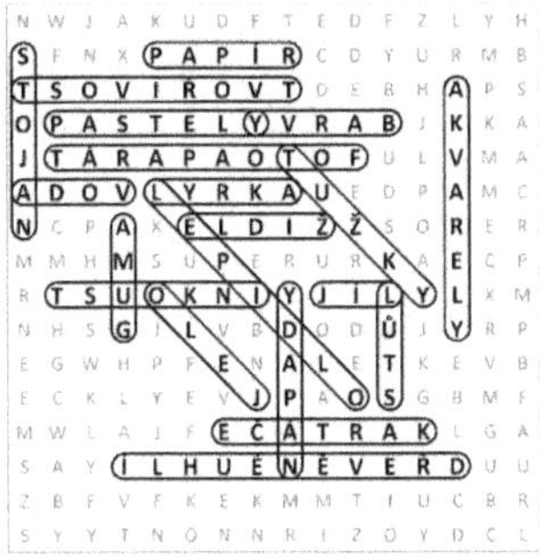

57 - Science Fiction

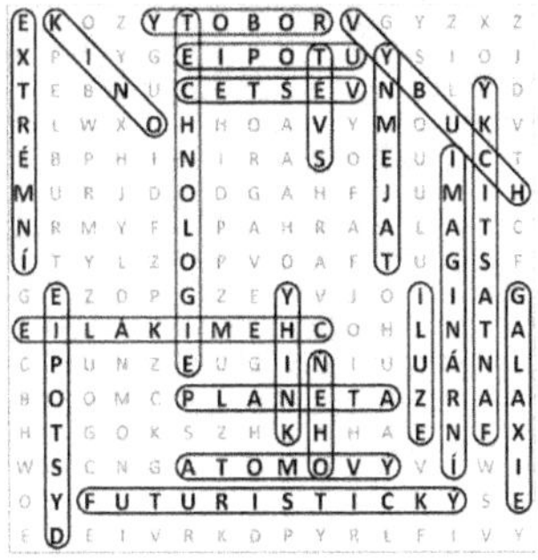

58 - Geometry

59 - Creativity

60 - Airplanes

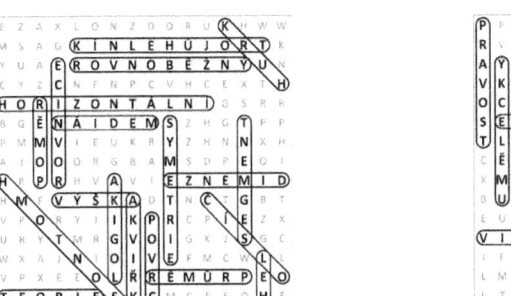
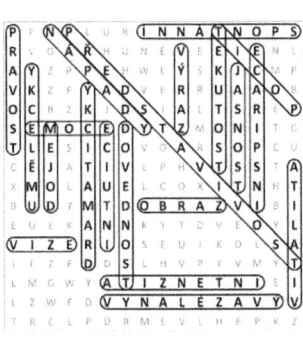
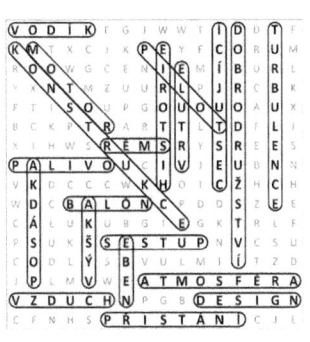

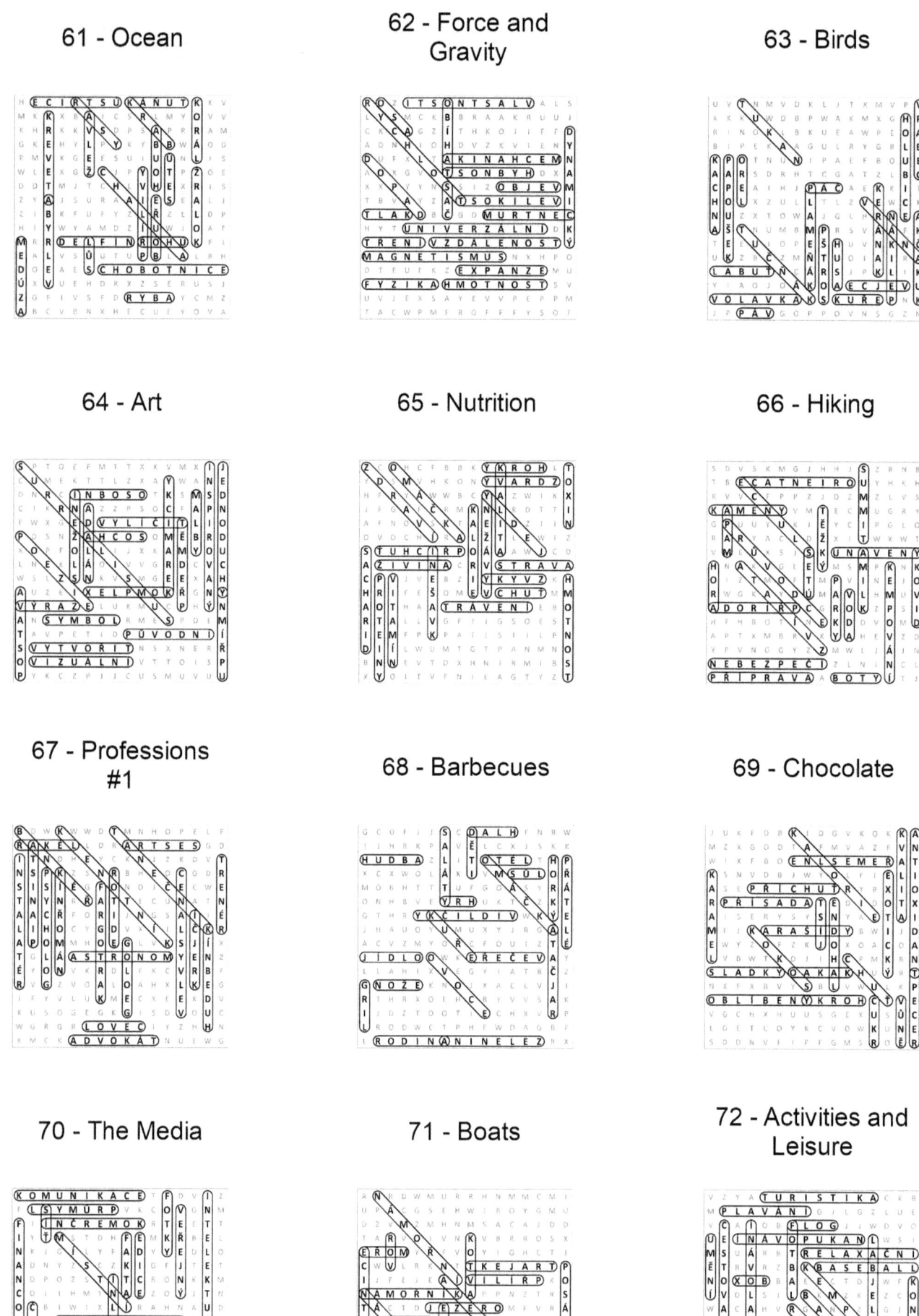

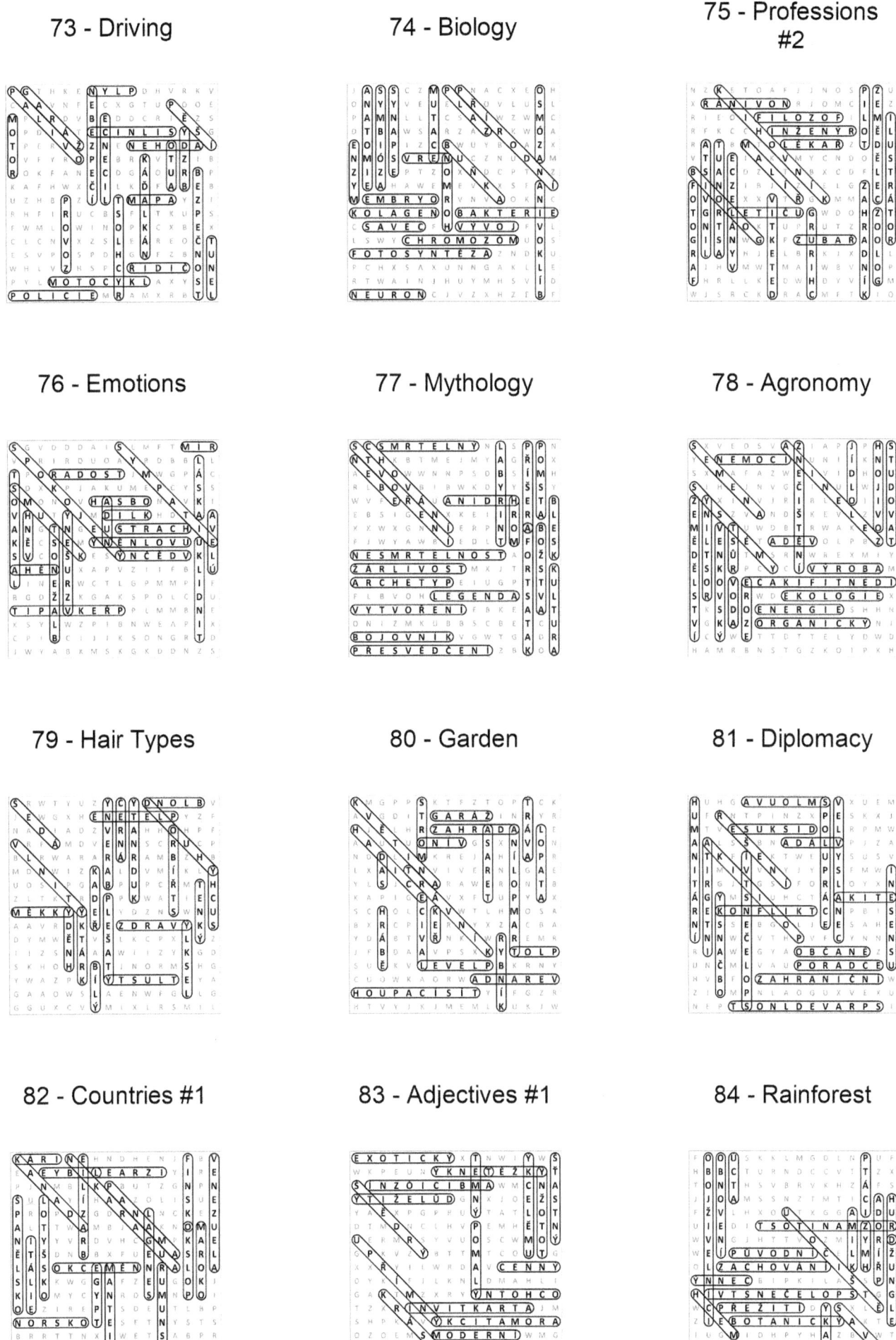

85 - Global Warming

86 - Landscapes

87 - Plants

88 - Boxing

89 - Countries #2

90 - Ecology

91 - Adjectives #2

92 - Psychology

93 - Math

94 - Activities

95 - Business

96 - The Company

97 - Literature
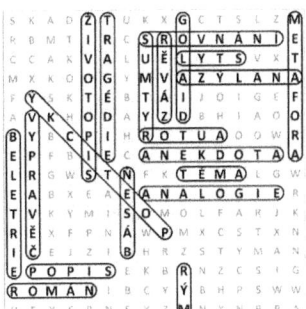

98 - Geography
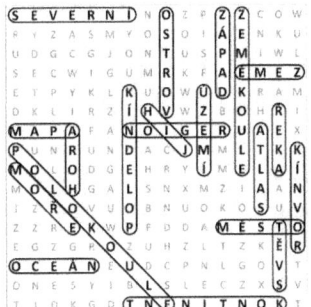

99 - Jazz
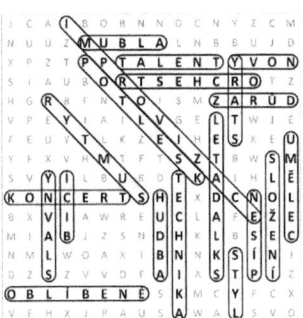

100 - Nature
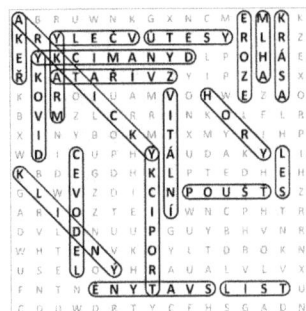

Dictionary

Activities
Aktivity

Activity	Aktivita
Art	Umění
Camping	Kempování
Ceramics	Keramika
Crafts	Řemesla
Fishing	Rybolov
Games	Hry
Gardening	Zahradničení
Hiking	Turistika
Hunting	Lov
Interests	Zájmy
Knitting	Pletení
Leisure	Volný Čas
Magic	Magie
Photography	Fotografování
Pleasure	Potěšení
Reading	Čtení
Relaxation	Relaxace
Sewing	Šití
Skill	Dovednost

Activities and Leisure
Aktivity a Volný Čas

Art	Umění
Baseball	Baseball
Basketball	Basketbal
Boxing	Box
Camping	Kempování
Diving	Potápění
Fishing	Rybolov
Gardening	Zahradničení
Golf	Golf
Hiking	Turistika
Hobbies	Koníčky
Painting	Malování
Relaxing	Relaxační
Shopping	Nakupování
Soccer	Fotbal
Surfing	Surfování
Swimming	Plavání
Tennis	Tenis
Travel	Cestovat
Volleyball	Volejbal

Adjectives #1
Přídavná Jména #1

Absolute	Absolutní
Ambitious	Ambiciózní
Aromatic	Aromatický
Artistic	Umělecký
Attractive	Atraktivní
Beautiful	Krásná
Dark	Temný
Exotic	Exotický
Generous	Štědrý
Happy	Šťastný
Heavy	Těžký
Helpful	Ochotný
Honest	Upřímný
Identical	Totožný
Important	Důležitý
Modern	Moderní
Serious	Vážný
Slow	Pomalý
Thin	Tenký
Valuable	Cenný

Adjectives #2
Přídavná Jména #2

Authentic	Autentický
Creative	Tvořivý
Descriptive	Popisný
Dry	Suchý
Elegant	Elegantní
Famous	Slavný
Gifted	Nadaný
Healthy	Zdravý
Hot	Horký
Hungry	Hladový
Interesting	Zajímavý
Natural	Přírodní
New	Nový
Productive	Výrobní
Proud	Hrdý
Responsible	Odpovědný
Salty	Slaný
Sleepy	Ospalý
Strong	Silný
Wild	Divoký

Adventure
Dobrodružství

Activity	Aktivita
Beauty	Krása
Bravery	Statečnost
Challenges	Výzvy
Chance	Šance
Dangerous	Nebezpečný
Destination	Destinace
Difficulty	Obtížnost
Enthusiasm	Nadšení
Excursion	Výlet
Friends	Přátelé
Itinerary	Itinerář
Joy	Radost
Nature	Příroda
Navigation	Navigace
New	Nový
Opportunity	Příležitost
Preparation	Příprava
Safety	Bezpečnost
Unusual	Neobvyklý

Agronomy
Agronomie

Agriculture	Zemědělství
Diseases	Nemoci
Ecology	Ekologie
Energy	Energie
Erosion	Eroze
Fertilizer	Hnojivo
Food	Jídlo
Growth	Růst
Identification	Identifikace
Organic	Organický
Plants	Rostliny
Pollution	Znečištění
Production	Výroba
Rural	Venkovský
Science	Věda
Seeds	Semena
Study	Studovat
Systems	Systémy
Vegetables	Zelenina
Water	Voda

Airplanes
Letadla

Adventure	Dobrodružství
Air	Vzduch
Atmosphere	Atmosféra
Balloon	Balón
Construction	Konstrukce
Crew	Posádka
Descent	Sestup
Design	Design
Direction	Směr
Engine	Motor
Fuel	Palivo
Height	Výška
History	Historie
Hydrogen	Vodík
Landing	Přistání
Passenger	Cestující
Pilot	Pilot
Propellers	Vrtule
Sky	Nebe
Turbulence	Turbulence

Algebra
Algebry

Diagram	Diagram
Division	Divize
Equation	Rovnice
Exponent	Exponent
Factor	Faktor
False	Falešný
Formula	Vzorec
Fraction	Zlomek
Graph	Graf
Infinite	Nekonečný
Linear	Lineární
Matrix	Matice
Number	Číslo
Parenthesis	Závorka
Problem	Problém
Simplify	Zjednodušit
Solution	Řešení
Subtraction	Odčítání
Variable	Proměnná
Zero	Nula

Antarctica
Antarktida

Bay	Záliv
Birds	Ptáci
Clouds	Mraky
Conservation	Zachování
Continent	Kontinent
Cove	Zátoka
Expedition	Expedice
Geography	Zeměpis
Glaciers	Ledovce
Ice	Led
Islands	Ostrovy
Migration	Migrace
Minerals	Minerály
Peninsula	Poloostrov
Researcher	Výzkumník
Rocky	Skalnatý
Scientific	Vědecký
Temperature	Teplota
Topography	Topografie
Water	Voda

Antiques
Starožitnosti

Art	Umění
Auction	Aukce
Authentic	Autentický
Century	Století
Coins	Mince
Decades	Dekády
Decorative	Dekorativní
Elegant	Elegantní
Furniture	Nábytek
Gallery	Galerie
Investment	Investice
Jewelry	Šperky
Old	Starý
Price	Cena
Quality	Kvalita
Restoration	Obnovení
Sculpture	Socha
Style	Styl
Unusual	Neobvyklý
Value	Hodnota

Archeology
Archeologie

Analysis	Analýza
Ancient	Starověký
Antiquity	Starověk
Bones	Kosti
Civilization	Civilizace
Descendant	Potomek
Era	Éra
Evaluation	Hodnocení
Expert	Odborník
Forgotten	Zapomenutý
Fossil	Fosilie
Mystery	Záhada
Objects	Objekty
Pottery	Hrnčířství
Relic	Relikvie
Researcher	Výzkumník
Team	Tým
Temple	Chrám
Tomb	Hrobka
Unknown	Neznámý

Art
Umění

Ceramic	Keramický
Complex	Komplex
Composition	Složení
Create	Vytvořit
Expression	Výraz
Figure	Postava
Honest	Upřímný
Inspired	Inspirovaný
Mood	Nálada
Original	Původní
Paintings	Malby
Personal	Osobní
Poetry	Poezie
Portray	Vylíčit
Sculpture	Socha
Simple	Jednoduchý
Subject	Předmět
Surrealism	Surrealismus
Symbol	Symbol
Visual	Vizuální

Art Supplies
Výtvarné Potřeby

Acrylic	Akryl
Brushes	Kartáče
Camera	Fotoaparát
Chair	Židle
Charcoal	Dřevěné Uhlí
Clay	Jíl
Colors	Barvy
Creativity	Tvořivost
Easel	Stojan
Eraser	Guma
Glue	Lepidlo
Ideas	Nápady
Ink	Inkoust
Oil	Olej
Paper	Papír
Pastels	Pastely
Pencils	Tužky
Table	Stůl
Water	Voda
Watercolors	Akvarely

Astronomy
Astronomie

Asteroid	Asteroid
Astronaut	Astronaut
Astronomer	Astronom
Constellation	Souhvězdí
Cosmos	Kosmos
Earth	Země
Eclipse	Zatmění
Equinox	Rovnodennost
Galaxy	Galaxie
Meteor	Meteor
Moon	Měsíc
Nebula	Mlhovina
Observatory	Observatoř
Planet	Planeta
Radiation	Záření
Rocket	Raketa
Satellite	Družice
Sky	Nebe
Supernova	Supernova
Zodiac	Zvěrokruh

Ballet
Baletu

Applause	Potlesk
Artistic	Umělecký
Audience	Publikum
Ballerina	Balerína
Choreography	Choreografie
Composer	Skladatel
Dancers	Tanečníci
Expressive	Expresivní
Gesture	Gesto
Graceful	Elegantní
Intensity	Intenzita
Lessons	Lekce
Muscles	Svaly
Music	Hudba
Orchestra	Orchestr
Practice	Praxe
Rhythm	Rytmus
Skill	Dovednost
Style	Styl
Technique	Technika

Barbecues
Grilování

Chicken	Kuře
Children	Děti
Dinner	Večeře
Family	Rodina
Food	Jídlo
Forks	Vidličky
Friends	Přátelé
Fruit	Ovoce
Games	Hry
Grill	Gril
Hot	Horký
Hunger	Hlad
Knives	Nože
Music	Hudba
Salads	Saláty
Salt	Sůl
Sauce	Omáčka
Summer	Léto
Tomatoes	Rajčata
Vegetables	Zelenina

Beauty
Krása

Charm	Kouzlo
Color	Barva
Cosmetics	Kosmetika
Curls	Kadeř
Elegance	Elegance
Elegant	Elegantní
Fragrance	Vůně
Grace	Milost
Lipstick	Rtěnka
Makeup	Makeup
Mascara	Řasenka
Mirror	Zrcadlo
Oils	Oleje
Photogenic	Fotogenický
Products	Produkty
Scissors	Nůžky
Services	Služby
Shampoo	Šampon
Skin	Kůže
Stylist	Stylista

Bees
Včely

Beneficial	Příznivý
Blossom	Květ
Diversity	Rozmanitost
Ecosystem	Ekosystém
Flowers	Květiny
Food	Jídlo
Fruit	Ovoce
Garden	Zahrada
Hive	Úl
Honey	Med
Insect	Hmyz
Plants	Rostliny
Pollen	Pyl
Pollinator	Opylovač
Queen	Královna
Smoke	Kouř
Sun	Slunce
Swarm	Roj
Wax	Vosk
Wings	Křídla

Biology
Biologie

Anatomy	Anatomie
Bacteria	Bakterie
Cell	Buňka
Chromosome	Chromozóm
Collagen	Kolagen
Embryo	Embryo
Enzyme	Enzym
Evolution	Vývoj
Hormone	Hormon
Mammal	Savec
Mutation	Mutace
Natural	Přírodní
Nerve	Nerv
Neuron	Neuron
Osmosis	Osmóza
Photosynthesis	Fotosyntéza
Protein	Bílkovina
Reptile	Plaz
Symbiosis	Symbióza
Synapse	Synapse

Birds
Ptactvo

Canary	Kanárek
Chicken	Kuře
Crow	Vrána
Cuckoo	Kukačka
Dove	Holubice
Duck	Kachna
Eagle	Orel
Egg	Vejce
Flamingo	Plameňák
Goose	Husa
Heron	Volavka
Ostrich	Pštros
Parrot	Papoušek
Peacock	Páv
Pelican	Pelikán
Penguin	Tučňák
Sparrow	Vrabec
Stork	Čáp
Swan	Labuť
Toucan	Tukan

Boats
Lodě

Anchor	Kotva
Buoy	Bóje
Canoe	Kánoe
Crew	Posádka
Dock	Dok
Engine	Motor
Ferry	Trajekt
Kayak	Kajak
Lake	Jezero
Mast	Stožár
Nautical	Námořní
Ocean	Oceán
Raft	Vor
River	Řeka
Rope	Lano
Sailboat	Plachetnice
Sailor	Námořník
Sea	Moře
Tide	Příliv
Yacht	Jachta

Books
Knihy

Adventure	Dobrodružství
Author	Autor
Collection	Sbírka
Context	Kontext
Duality	Dualita
Epic	Epos
Historical	Historický
Humorous	Vtipný
Inventive	Vynalézavý
Literary	Literární
Narrator	Vypravěč
Novel	Román
Page	Stránka
Poem	Báseň
Poetry	Poezie
Reader	Čtenář
Relevant	Relevantní
Story	Příběh
Tragic	Tragický
Written	Psaný

Boxing
Boxování

Bell	Zvonek
Body	Tělo
Chin	Brada
Corner	Roh
Elbow	Loket
Exhausted	Vyčerpaný
Fighter	Bojovník
Fist	Pěst
Focus	Ohnisko
Gloves	Rukavice
Injuries	Zranění
Kick	Kop
Opponent	Soupeř
Points	Body
Quick	Rychlý
Recovery	Zotavení
Referee	Rozhodčí
Ropes	Lana
Skill	Dovednost
Strength	Síla

Buildings
Budovy

Apartment	Byt
Barn	Stodola
Cabin	Kabina
Castle	Hrad
Cinema	Kino
Factory	Továrna
Farm	Farma
Hospital	Nemocnice
Hostel	Hostel
Hotel	Hotel
Laboratory	Laboratoř
Museum	Muzeum
Observatory	Observatoř
School	Škola
Stadium	Stadión
Supermarket	Supermarket
Tent	Stan
Theater	Divadlo
Tower	Věž
University	Univerzita

Business
Podnikání

Budget	Rozpočet
Career	Kariéra
Company	Společnost
Cost	Náklady
Currency	Měna
Discount	Sleva
Economics	Ekonomie
Employee	Zaměstnanec
Employer	Zaměstnavatel
Factory	Továrna
Finance	Finance
Income	Příjem
Investment	Investice
Manager	Manažer
Merchandise	Zboží
Money	Peníze
Office	Kancelář
Sale	Prodej
Shop	Obchod
Taxes	Daně

Camping
Kempování

Adventure	Dobrodružství
Animals	Zvířata
Cabin	Kabina
Canoe	Kánoe
Compass	Kompas
Fire	Oheň
Forest	Les
Fun	Zábava
Hammock	Houpací Síť
Hat	Klobouk
Hunting	Lov
Insect	Hmyz
Lake	Jezero
Map	Mapa
Moon	Měsíc
Mountain	Hora
Nature	Příroda
Rope	Lano
Tent	Stan
Trees	Stromy

Chemistry
Chemie

Acid	Kyselina
Alkaline	Alkalické
Atomic	Atomový
Carbon	Uhlík
Catalyst	Katalyzátor
Chlorine	Chlór
Electron	Elektron
Enzyme	Enzym
Gas	Plyn
Heat	Teplo
Hydrogen	Vodík
Ion	Iont
Liquid	Kapalina
Molecule	Molekula
Nuclear	Jaderný
Organic	Organický
Oxygen	Kyslík
Salt	Sůl
Temperature	Teplota
Weight	Hmotnost

Chocolate
Čokoláda

Antioxidant	Antioxidant
Aroma	Vůně
Artisanal	Řemeslné
Bitter	Hořký
Cacao	Kakao
Calories	Kalorie
Caramel	Karamel
Coconut	Kokos
Delicious	Lahodné
Exotic	Exotický
Favorite	Oblíbený
Flavor	Příchuť
Ingredient	Přísada
Peanuts	Arašídy
Quality	Kvalita
Recipe	Recept
Sugar	Cukr
Sweet	Sladký
Taste	Chuť
To Eat	Jíst

Clothes
Oblečení

Apron	Zástěra
Belt	Pás
Blouse	Halenka
Bracelet	Náramek
Coat	Kabát
Dress	Šaty
Fashion	Móda
Gloves	Rukavice
Hat	Klobouk
Jacket	Bunda
Jeans	Džíny
Jewelry	Šperky
Pajamas	Pyžamo
Pants	Kalhoty
Sandals	Sandály
Scarf	Šátek
Shirt	Košile
Shoe	Bota
Skirt	Sukně
Sweater	Svetr

Coffee
Káva

Acidic	Kyselý
Aroma	Vůně
Beverage	Nápoj
Bitter	Hořký
Black	Černá
Caffeine	Kofein
Cream	Krém
Cup	Pohár
Filter	Filtr
Flavor	Příchuť
Grind	Brousit
Liquid	Kapalina
Milk	Mléko
Morning	Ráno
Origin	Původ
Price	Cena
Sugar	Cukr
To Drink	Pít
Variety	Odrůda
Water	Voda

Countries #1
Země #1

Brazil	Brazílie
Canada	Kanada
Egypt	Egypt
Finland	Finsko
Germany	Německo
Iraq	Irák
Israel	Izrael
Italy	Itálie
Latvia	Lotyšsko
Libya	Libye
Morocco	Maroko
Nicaragua	Nikaragua
Norway	Norsko
Panama	Panama
Poland	Polsko
Romania	Rumunsko
Senegal	Senegal
Spain	Španělsko
Venezuela	Venezuela
Vietnam	Vietnam

Countries #2
Země #2

Albania	Albánie
Denmark	Dánsko
Ethiopia	Etiopie
Greece	Řecko
Haiti	Haiti
Jamaica	Jamajka
Japan	Japonsko
Laos	Laos
Lebanon	Libanon
Liberia	Libérie
Mexico	Mexiko
Nepal	Nepál
Nigeria	Nigérie
Pakistan	Pákistán
Russia	Rusko
Somalia	Somálsko
Sudan	Súdán
Syria	Sýrie
Uganda	Uganda
Ukraine	Ukrajina

Creativity
Kreativita

Artistic	Umělecký
Authenticity	Pravost
Clarity	Jasnost
Dramatic	Dramatický
Emotions	Emoce
Expression	Výraz
Fluidity	Tekutost
Ideas	Nápady
Image	Obraz
Imagination	Představivost
Impression	Dojem
Inspiration	Inspirace
Intensity	Intenzita
Intuition	Intuice
Inventive	Vynalézavý
Sensation	Pocit
Skill	Dovednost
Spontaneous	Spontánní
Visions	Vize
Vitality	Vitalita

Days and Months
Dny a Měsíce

April	Duben
August	Srpen
Calendar	Kalendář
February	Únor
Friday	Pátek
January	Leden
July	Červenec
March	Březen
Monday	Pondělí
Month	Měsíc
November	Listopad
October	Říjen
Saturday	Sobota
September	Září
Sunday	Neděle
Thursday	Čtvrtek
Tuesday	Úterý
Wednesday	Středa
Week	Týden
Year	Rok

Diplomacy
Diplomacie

Adviser	Poradce
Ambassador	Velvyslanec
Citizens	Občané
Civic	Občanský
Community	Společenství
Conflict	Konflikt
Cooperation	Spolupráce
Diplomatic	Diplomatický
Discussion	Diskuse
Ethics	Etika
Foreign	Zahraniční
Government	Vláda
Humanitarian	Humanitární
Integrity	Integrita
Justice	Spravedlnost
Politics	Politika
Resolution	Usnesení
Security	Bezpečnostní
Solution	Řešení
Treaty	Smlouva

Disease
Choroba

Abdominal	Břišní
Allergies	Alergie
Bacterial	Bakteriální
Body	Tělo
Bones	Kosti
Chronic	Chronický
Contagious	Nakažlivý
Genetic	Genetický
Health	Zdraví
Heart	Srdce
Hereditary	Dědičný
Immunity	Imunita
Inflammation	Zánět
Lumbar	Bederní
Neuropathy	Neuropatie
Pathogens	Patogeny
Respiratory	Respirační
Syndrome	Syndrom
Therapy	Terapie
Weak	Slabý

Driving
Řízení

Accident	Nehoda
Brakes	Brzdy
Car	Auto
Danger	Nebezpečí
Driver	Řidič
Fuel	Palivo
Garage	Garáž
Gas	Plyn
License	Licence
Map	Mapa
Motor	Motor
Motorcycle	Motocykl
Pedestrian	Pěší
Police	Policie
Road	Silnice
Safety	Bezpečnost
Speed	Rychlost
Traffic	Provoz
Truck	Náklaďák
Tunnel	Tunel

Ecology
Ekologie

Climate	Klima
Communities	Komunity
Diversity	Rozmanitost
Drought	Sucho
Fauna	Fauna
Flora	Flóra
Global	Globální
Marine	Mořský
Marsh	Močál
Mountains	Hory
Natural	Přírodní
Nature	Příroda
Plants	Rostliny
Resources	Zdroje
Species	Druh
Survival	Přežití
Sustainable	Udržitelný
Variety	Odrůda
Vegetation	Vegetace
Volunteers	Dobrovolníci

Emotions
Emoce

Anger	Hněv
Bliss	Blaženost
Boredom	Nuda
Calm	Uklidnit
Content	Obsah
Excited	Vzrušený
Fear	Strach
Grateful	Vděčný
Joy	Radost
Kindness	Laskavost
Love	Láska
Peace	Mír
Relaxed	Uvolněný
Relief	Úleva
Sadness	Smutek
Satisfied	Spokojený
Surprise	Překvapit
Sympathy	Sympatie
Tenderness	Něha
Tranquility	Klid

Energy
Energie

Battery	Baterie
Carbon	Uhlík
Diesel	Nafta
Electric	Elektrický
Electron	Elektron
Entropy	Entropie
Fuel	Palivo
Gasoline	Benzín
Heat	Teplo
Hydrogen	Vodík
Industry	Průmysl
Motor	Motor
Nuclear	Jaderný
Photon	Foton
Pollution	Znečištění
Renewable	Obnovitelný
Steam	Pára
Sun	Slunce
Turbine	Turbína
Wind	Vítr

Engineering
Inženýrství

Angle	Úhel
Axis	Osa
Calculation	Výpočet
Construction	Konstrukce
Depth	Hloubka
Diagram	Diagram
Diameter	Průměr
Diesel	Nafta
Dimensions	Rozměry
Distribution	Distribuce
Energy	Energie
Levers	Páky
Liquid	Kapalina
Machine	Stroj
Measurement	Měření
Motor	Motor
Propulsion	Pohon
Stability	Stabilita
Strength	Síla
Structure	Struktura

Ethics
Etiky

Altruism	Altruismus
Benevolent	Benevolentní
Compassion	Soucit
Cooperation	Spolupráce
Dignity	Důstojnost
Diplomatic	Diplomatický
Honesty	Poctivost
Humanity	Lidstvo
Integrity	Integrita
Kindness	Laskavost
Optimism	Optimismus
Patience	Trpělivost
Philosophy	Filozofie
Rationality	Rozumnost
Realism	Realismus
Reasonable	Rozumné
Respectful	Uctivý
Tolerance	Tolerance
Values	Hodnoty
Wisdom	Moudrost

Family
Rodinná

Ancestor	Předek
Aunt	Teta
Brother	Bratr
Child	Dítě
Childhood	Dětství
Children	Děti
Cousin	Bratranec
Daughter	Dcera
Grandchild	Vnouče
Grandfather	Dědeček
Grandson	Vnuk
Husband	Manžel
Maternal	Mateřský
Mother	Matka
Nephew	Synovec
Niece	Neteř
Paternal	Otcovský
Sister	Sestra
Uncle	Strýc
Wife	Manželka

Farm #1
Farma #1

Agriculture	Zemědělství
Bee	Včela
Bison	Bizon
Calf	Tele
Cat	Kočka
Chicken	Kuře
Cow	Kráva
Crow	Vrána
Dog	Pes
Donkey	Osel
Fence	Plot
Fertilizer	Hnojivo
Field	Pole
Goat	Koza
Hay	Seno
Honey	Med
Horse	Kůň
Rice	Rýže
Seeds	Semena
Water	Voda

Farm #2
Farma #2

Animals	Zvířata
Barley	Ječmen
Barn	Stodola
Corn	Kukuřice
Duck	Kachna
Farmer	Zemědělec
Food	Jídlo
Fruit	Ovoce
Irrigation	Zavlažování
Lamb	Jehněčí
Llama	Lama
Meadow	Louka
Milk	Mléko
Orchard	Sad
Sheep	Ovce
To Grow	Růst
Tractor	Traktor
Vegetable	Zelenina
Wheat	Pšenice
Windmill	Větrný Mlýn

Fashion
Módní

Boutique	Butik
Buttons	Tlačítka
Clothing	Oblečení
Comfortable	Pohodlný
Elegant	Elegantní
Embroidery	Výšivka
Expensive	Drahý
Fabric	Tkanina
Lace	Krajka
Measurements	Měření
Modern	Moderní
Modest	Skromný
Original	Původní
Pattern	Vzor
Practical	Praktický
Simple	Jednoduchý
Sophisticated	Sofistikovaný
Style	Styl
Texture	Textura
Trend	Trend

Fishing
Rybaření

Bait	Návnada
Basket	Košík
Beach	Pláž
Boat	Loď
Cook	Vařit
Equipment	Zařízení
Exaggeration	Přehánění
Fins	Ploutve
Gills	Žábry
Hook	Hák
Jaw	Čelist
Lake	Jezero
Ocean	Oceán
Patience	Trpělivost
River	Řeka
Scales	Váhy
Season	Sezóna
Water	Voda
Weight	Hmotnost
Wire	Drát

Flowers
Květiny

Bouquet	Kytice
Calendula	Měsíček
Clover	Jetel
Daffodil	Narcis
Daisy	Sedmikráska
Dandelion	Pampeliška
Gardenia	Gardénie
Hibiscus	Ibišek
Jasmine	Jasmín
Lavender	Levandule
Lilac	Šeřík
Lily	Lilie
Magnolia	Magnólie
Orchid	Orchidej
Passionflower	Mučenka
Peony	Pivoňka
Plumeria	Plumeria
Poppy	Mák
Sunflower	Slunečnice
Tulip	Tulipán

Food #1
Potraviny #1

Apricot	Meruňka
Barley	Ječmen
Basil	Bazalka
Carrot	Mrkev
Cinnamon	Skořice
Garlic	Česnek
Juice	Šťáva
Lemon	Citron
Milk	Mléko
Onion	Cibule
Peanut	Arašíd
Pear	Hruška
Salad	Salát
Salt	Sůl
Soup	Polévka
Spinach	Špenát
Strawberry	Jahoda
Sugar	Cukr
Tuna	Tuňák
Turnip	Tuřín

Food #2
Potraviny #2

Apple	Jablko
Artichoke	Artyčok
Banana	Banán
Broccoli	Brokolice
Celery	Celer
Cheese	Sýr
Cherry	Třešeň
Chicken	Kuře
Chocolate	Čokoláda
Egg	Vejce
Eggplant	Lilek
Fish	Ryba
Grape	Hrozen
Ham	Šunka
Kiwi	Kiwi
Mushroom	Houba
Rice	Rýže
Tomato	Rajče
Wheat	Pšenice
Yogurt	Jogurt

Force and Gravity
Síla a Gravitace

Axis	Osa
Center	Centrum
Discovery	Objev
Distance	Vzdálenost
Dynamic	Dynamický
Expansion	Expanze
Friction	Tření
Impact	Dopad
Magnetism	Magnetismus
Magnitude	Velikost
Mechanics	Mechanika
Momentum	Hybnost
Orbit	Obíhat
Physics	Fyzika
Pressure	Tlak
Properties	Vlastnosti
Speed	Rychlost
Time	Čas
Universal	Univerzální
Weight	Hmotnost

Fruit
Ovoce

Apple	Jablko
Apricot	Meruňka
Avocado	Avokádo
Banana	Banán
Berry	Bobule
Cherry	Třešeň
Coconut	Kokos
Fig	Obr
Grape	Hrozen
Guava	Guava
Kiwi	Kiwi
Lemon	Citron
Mango	Mango
Melon	Meloun
Nectarine	Nektarinka
Papaya	Papája
Peach	Broskev
Pear	Hruška
Pineapple	Ananas
Raspberry	Malina

Garden
Zahrada

Bench	Lavice
Bush	Keř
Fence	Plot
Flower	Květina
Garage	Garáž
Garden	Zahrada
Grass	Tráva
Hammock	Houpací Sít
Hose	Hadice
Lawn	Trávník
Orchard	Sad
Pond	Rybník
Porch	Veranda
Rake	Hrábě
Shovel	Lopata
Terrace	Terasa
Trampoline	Trampolína
Tree	Strom
Vine	Víno
Weeds	Plevel

Geography
Kategorie: Geografie

Atlas	Atlas
City	Město
Continent	Kontinent
Country	Země
Equator	Rovník
Globe	Zeměkoule
Hemisphere	Polokoule
Island	Ostrov
Map	Mapa
Meridian	Poledník
Mountain	Hora
North	Severní
Ocean	Oceán
Region	Region
River	Řeka
Sea	Moře
South	Jih
Territory	Území
West	Západ
World	Svět

Geology
Geologie

Acid	Kyselina
Calcium	Vápník
Cavern	Jeskyně
Continent	Kontinent
Coral	Korál
Crystals	Krystaly
Cycles	Cykly
Earthquake	Zemětřesení
Erosion	Eroze
Fossil	Fosilie
Geyser	Gejzír
Lava	Láva
Layer	Vrstva
Minerals	Minerály
Plateau	Plošina
Quartz	Křemen
Salt	Sůl
Stalactite	Stalaktit
Stone	Kámen
Volcano	Sopka

Geometry
Geometrie

Angle	Úhel
Calculation	Výpočet
Circle	Kruh
Curve	Křivka
Diameter	Průměr
Dimension	Dimenze
Equation	Rovnice
Height	Výška
Horizontal	Horizontální
Logic	Logika
Mass	Hmotnost
Median	Medián
Number	Číslo
Parallel	Rovnoběžný
Proportion	Poměr
Segment	Segment
Surface	Povrch
Symmetry	Symetrie
Theory	Teorie
Triangle	Trojúhelník

Global Warming
Globální Oteplování

Arctic	Arktický
Attention	Pozornost
Climate	Klima
Crisis	Krize
Data	Data
Development	Rozvoj
Energy	Energie
Future	Budoucnost
Gas	Plyn
Generations	Generace
Government	Vláda
Habitats	Stanoviště
Industry	Průmysl
International	Mezinárodní
Legislation	Legislativa
Now	Teď
Populations	Populace
Scientist	Vědec
Temperatures	Teploty
To Reduce	Snížit

Government
Vláda

Citizenship	Občanství
Civil	Civilní
Constitution	Ústava
Democracy	Demokracie
Discussion	Diskuse
District	Okres
Equality	Rovnost
Independence	Nezávislost
Judicial	Soudní
Justice	Spravedlnost
Law	Zákon
Leader	Vůdce
Liberty	Svoboda
Monument	Pomník
Nation	Národ
Peaceful	Klidný
Politics	Politika
Speech	Projev
State	Stát
Symbol	Symbol

Hair Types
Typy Vlasů

Bald	Plešatý
Black	Černá
Blond	Blond
Braided	Pletené
Brown	Hnědý
Colored	Barevný
Curls	Kadeř
Curly	Kudrnatý
Dry	Suchý
Gray	Šedá
Healthy	Zdravý
Long	Dlouhý
Shiny	Lesklý
Short	Krátký
Silver	Stříbro
Soft	Měkký
Thick	Tlustý
Thin	Tenký
Wavy	Vlnitý
White	Bílý

Health and Wellness #1
Zdraví a Wellness #1

Active	Aktivní
Bacteria	Bakterie
Bones	Kosti
Clinic	Klinika
Doctor	Lékař
Fracture	Zlomenina
Habit	Zvyk
Height	Výška
Hormones	Hormony
Hunger	Hlad
Muscles	Svaly
Nerves	Nervy
Pharmacy	Lékárna
Reflex	Reflex
Relaxation	Relaxace
Skin	Kůže
Therapy	Terapie
To Breathe	Dýchat
Treatment	Léčba
Virus	Virus

Health and Wellness #2
Zdraví a Wellness #2

Allergy	Alergie
Anatomy	Anatomie
Appetite	Chuť
Blood	Krev
Calorie	Kalorie
Dehydration	Dehydratace
Diet	Strava
Disease	Nemoc
Energy	Energie
Genetics	Genetika
Healthy	Zdravý
Hospital	Nemocnice
Hygiene	Hygiena
Infection	Infekce
Massage	Masáž
Nutrition	Výživa
Recovery	Zotavení
Stress	Stres
Vitamin	Vitamín
Weight	Hmotnost

Herbalism
Bylinkářství

Aromatic	Aromatický
Basil	Bazalka
Beneficial	Příznivý
Culinary	Kulinářské
Fennel	Fenykl
Flavor	Příchuť
Flower	Květina
Garden	Zahrada
Garlic	Česnek
Green	Zelená
Ingredient	Přísada
Lavender	Levandule
Marjoram	Majoránka
Mint	Máta
Oregano	Oregano
Parsley	Petržel
Plant	Rostlina
Rosemary	Rozmarýn
Saffron	Šafrán
Tarragon	Estragon

Hiking
Pěší Turistika

Animals	Zvířata
Boots	Boty
Camping	Kempování
Cliff	Útes
Climate	Klima
Guides	Průvodce
Hazards	Nebezpečí
Heavy	Těžký
Map	Mapa
Mountain	Hora
Nature	Příroda
Orientation	Orientace
Parks	Parky
Preparation	Příprava
Stones	Kameny
Summit	Summit
Sun	Slunce
Tired	Unavený
Water	Voda
Wild	Divoký

House
Dům

Attic	Podkroví
Broom	Koště
Curtains	Závěsy
Door	Dveře
Fence	Plot
Fireplace	Krb
Floor	Podlaha
Furniture	Nábytek
Garage	Garáž
Garden	Zahrada
Keys	Klíče
Kitchen	Kuchyně
Lamp	Lampa
Library	Knihovna
Mirror	Zrcadlo
Roof	Střecha
Room	Pokoj
Shower	Sprcha
Wall	Stěna
Window	Okno

Human Body
Lidské Tělo

Ankle	Kotník
Blood	Krev
Bones	Kosti
Brain	Mozek
Chin	Brada
Ear	Ucho
Elbow	Loket
Face	Tvář
Finger	Prst
Hand	Ruka
Head	Hlava
Heart	Srdce
Jaw	Čelist
Knee	Koleno
Leg	Noha
Mouth	Ústa
Neck	Krk
Nose	Nos
Shoulder	Rameno
Skin	Kůže

Jazz
Jazz

Album	Album
Applause	Potlesk
Artist	Umělec
Composer	Skladatel
Composition	Složení
Concert	Koncert
Drums	Bicí
Emphasis	Důraz
Famous	Slavný
Favorites	Oblíbené
Improvisation	Improvizace
Music	Hudba
New	Nový
Old	Starý
Orchestra	Orchestr
Rhythm	Rytmus
Song	Píseň
Style	Styl
Talent	Talent
Technique	Technika

Kitchen
Kuchyně

Apron	Zástěra
Bowl	Mísa
Chopsticks	Tyčinky
Food	Jídlo
Forks	Vidličky
Freezer	Mrazák
Grill	Gril
Jar	Sklenice
Jug	Džbán
Kettle	Konvice
Knives	Nože
Ladle	Naběračka
Napkin	Ubrousek
Oven	Trouba
Recipe	Recept
Refrigerator	Lednička
Spices	Koření
Sponge	Houba
Spoons	Lžíce
To Eat	Jíst

Landscapes
Krajiny

Beach	Pláž
Cave	Jeskyně
Cliff	Útes
Desert	Poušť
Geyser	Gejzír
Hill	Kopec
Iceberg	Ledovec
Island	Ostrov
Lake	Jezero
Mountain	Hora
Oasis	Oáza
Ocean	Oceán
Peninsula	Poloostrov
River	Řeka
Sea	Moře
Swamp	Bažina
Tundra	Tundra
Valley	Údolí
Volcano	Sopka
Waterfall	Vodopád

Literature
Literatura

Analogy	Analogie
Analysis	Analýza
Anecdote	Anekdota
Author	Autor
Biography	Životopis
Comparison	Srovnání
Conclusion	Závěr
Description	Popis
Dialogue	Dialog
Fiction	Beletrie
Metaphor	Metafora
Narrator	Vypravěč
Novel	Román
Poem	Báseň
Poetic	Poetický
Rhyme	Rým
Rhythm	Rytmus
Style	Styl
Theme	Téma
Tragedy	Tragédie

Mammals
Savci

Bear	Medvěd
Beaver	Bobr
Bull	Býk
Cat	Kočka
Coyote	Kojot
Dog	Pes
Dolphin	Delfín
Elephant	Slon
Fox	Liška
Giraffe	Žirafa
Gorilla	Gorila
Horse	Kůň
Kangaroo	Klokan
Lion	Lev
Monkey	Opice
Rabbit	Králík
Sheep	Ovce
Whale	Velryba
Wolf	Vlk
Zebra	Zebra

Math
Matematika

Angles	Úhly
Arithmetic	Aritmetický
Circumference	Obvod
Decimal	Desetinný
Diameter	Průměr
Division	Divize
Equation	Rovnice
Exponent	Exponent
Fraction	Zlomek
Geometry	Geometrie
Numbers	Čísla
Parallel	Rovnoběžný
Parallelogram	Rovnoběžník
Polygon	Polygon
Radius	Poloměr
Rectangle	Obdélník
Square	Náměstí
Symmetry	Symetrie
Triangle	Trojúhelník
Volume	Objem

Measurements
Měření

Byte	Bajt
Centimeter	Centimetr
Decimal	Desetinný
Degree	Stupeň
Depth	Hloubka
Gram	Gram
Height	Výška
Inch	Palec
Kilogram	Kilogram
Kilometer	Kilometr
Length	Délka
Liter	Litr
Meter	Metr
Minute	Minuta
Ounce	Unce
Pint	Pinta
Ton	Tón
Volume	Objem
Weight	Hmotnost
Width	Šířka

Meditation
Rozjímání

Acceptance	Přijetí
Attention	Pozornost
Awake	Probudit
Breathing	Dýchání
Calm	Uklidnit
Clarity	Jasnost
Compassion	Soucit
Emotions	Emoce
Gratitude	Vděčnost
Habits	Zvyky
Kindness	Laskavost
Mental	Duševní
Mind	Mysl
Movement	Hnutí
Music	Hudba
Nature	Příroda
Peace	Mír
Perspective	Perspektiva
Silence	Umlčet
Thoughts	Myšlenky

Music
Hudba

Album	Album
Ballad	Balada
Chorus	Refrén
Classical	Klasický
Eclectic	Eklektický
Harmonic	Harmonický
Harmony	Harmonie
Lyrical	Lyrický
Melody	Melodie
Microphone	Mikrofon
Musical	Hudební
Musician	Hudebník
Opera	Opera
Poetic	Poetický
Recording	Nahrávka
Rhythm	Rytmus
Rhythmic	Rytmický
Sing	Zpívat
Singer	Zpěvák
Vocal	Hlasový

Musical Instruments
Hudební Nástroje

Banjo	Bendžo
Bassoon	Fagot
Cello	Violoncello
Chimes	Zvonkohra
Clarinet	Klarinet
Drum	Buben
Flute	Flétna
Gong	Gong
Guitar	Kytara
Harp	Harfa
Mandolin	Mandolína
Marimba	Marimba
Oboe	Hoboj
Percussion	Poklep
Piano	Klavír
Saxophone	Saxofon
Tambourine	Tamburína
Trombone	Pozoun
Trumpet	Trubka
Violin	Housle

Mythology
Mytologie

Archetype	Archetyp
Behavior	Chování
Beliefs	Přesvědčení
Creation	Vytvoření
Creature	Stvoření
Culture	Kultura
Deities	Božstva
Disaster	Katastrofa
Heaven	Nebe
Hero	Hrdina
Immortality	Nesmrtelnost
Jealousy	Žárlivost
Labyrinth	Labyrint
Legend	Legenda
Lightning	Blesk
Monster	Příšera
Mortal	Smrtelný
Revenge	Pomsta
Thunder	Hrom
Warrior	Bojovník

Nature
Příroda

Animals	Zvířata
Arctic	Arktický
Beauty	Krása
Bees	Včely
Cliffs	Útesy
Clouds	Mraky
Desert	Poušť
Dynamic	Dynamický
Erosion	Eroze
Fog	Mlha
Foliage	List
Forest	Les
Glacier	Ledovec
Mountains	Hory
River	Řeka
Sanctuary	Svatyně
Serene	Klidný
Tropical	Tropický
Vital	Vitální
Wild	Divoký

Numbers
Čísla

Decimal	Desetinný
Eight	Osm
Eighteen	Osmnáct
Fifteen	Patnáct
Five	Pět
Four	Čtyři
Fourteen	Čtrnáct
Nine	Devět
Nineteen	Devatenáct
One	Jeden
Seven	Sedm
Seventeen	Sedmnáct
Six	Šest
Sixteen	Šestnáct
Ten	Deset
Thirteen	Třináct
Three	Tři
Twelve	Dvanáct
Twenty	Dvacet
Two	Dva

Nutrition
Výživa

Appetite	Chuť
Balanced	Vyvážený
Bitter	Hořký
Calories	Kalorie
Carbohydrates	Sacharid
Diet	Strava
Digestion	Trávení
Edible	Jedlý
Fermentation	Kvašení
Flavor	Příchuť
Habits	Zvyky
Health	Zdraví
Healthy	Zdravý
Nutrient	Živina
Proteins	Proteiny
Quality	Kvalita
Sauce	Omáčka
Toxin	Toxin
Vitamin	Vitamín
Weight	Hmotnost

Ocean
Oceán

Algae	Řasy
Coral	Korál
Crab	Krab
Dolphin	Delfín
Eel	Úhoř
Fish	Ryba
Jellyfish	Medúza
Octopus	Chobotnice
Oyster	Ústřice
Reef	Útes
Salt	Sůl
Seaweed	Chaluha
Shark	Žralok
Shrimp	Kreveta
Sponge	Houba
Storm	Bouře
Tides	Přílivy
Tuna	Tuňák
Turtle	Želva
Whale	Velryba

Philanthropy
Filantropie

Challenges	Výzvy
Charity	Charita
Children	Děti
Community	Společenství
Contacts	Kontakty
Donate	Darovat
Finance	Finance
Funds	Fondy
Generosity	Štědrost
Goals	Cíle
Groups	Skupiny
History	Historie
Honesty	Poctivost
Humanity	Lidstvo
Mission	Mise
Need	Potřeba
People	Lidé
Programs	Programy
Public	Veřejný
Youth	Mládí

Photography
Fotografování

Black	Černá
Camera	Fotoaparát
Color	Barva
Composition	Složení
Contrast	Kontrast
Darkness	Tma
Definition	Definice
Exhibition	Výstava
Format	Formát
Frame	Rám
Lighting	Osvětlení
Object	Objekt
Perspective	Perspektiva
Portrait	Portrét
Shadows	Stíny
Soften	Změkčit
Subject	Předmět
Texture	Textura
View	Pohled
Visual	Vizuální

Physics
Fyzika

Acceleration	Zrychlení
Atom	Atom
Chaos	Chaos
Chemical	Chemický
Density	Hustota
Electron	Elektron
Engine	Motor
Expansion	Expanze
Formula	Vzorec
Frequency	Frekvence
Gas	Plyn
Magnetism	Magnetismus
Mass	Hmotnost
Mechanics	Mechanika
Molecule	Molekula
Nuclear	Jaderný
Particle	Částice
Relativity	Relativita
Universal	Univerzální
Velocity	Rychlost

Plants
Rostliny

Bamboo	Bambus
Bean	Fazole
Berry	Bobule
Blossom	Květ
Botany	Botanika
Bush	Keř
Cactus	Kaktus
Fertilizer	Hnojivo
Flora	Flóra
Flower	Květina
Foliage	List
Forest	Les
Garden	Zahrada
Grass	Tráva
Ivy	Břečťan
Moss	Mech
Root	Kořen
Stem	Stonek
Tree	Strom
Vegetation	Vegetace

Professions #1
Profese #1

Ambassador	Velvyslanec
Astronomer	Astronom
Attorney	Advokát
Banker	Bankéř
Cartographer	Kartograf
Coach	Trenér
Dancer	Tanečník
Doctor	Lékař
Editor	Editor
Geologist	Geolog
Hunter	Lovec
Jeweler	Klenotník
Musician	Hudebník
Nurse	Sestra
Pianist	Pianista
Plumber	Instalatér
Psychologist	Psycholog
Sailor	Námořník
Tailor	Krejčí
Veterinarian	Veterinář

Professions #2
Profese #2

Astronaut	Astronaut
Biologist	Biolog
Dentist	Zubař
Detective	Detektiv
Engineer	Inženýr
Farmer	Zemědělec
Gardener	Zahradník
Illustrator	Ilustrátor
Inventor	Vynálezce
Journalist	Novinář
Librarian	Knihovník
Linguist	Lingvista
Painter	Malíř
Philosopher	Filozof
Photographer	Fotograf
Physician	Lékař
Pilot	Pilot
Surgeon	Chirurg
Teacher	Učitel
Zoologist	Zoolog

Psychology
Psychologie

Appointment	Jmenování
Assessment	Posouzení
Behavior	Chování
Childhood	Dětství
Clinical	Klinický
Cognition	Poznání
Conflict	Konflikt
Dreams	Sny
Ego	Ego
Emotions	Emoce
Ideas	Nápady
Perception	Vnímání
Personality	Osobnost
Problem	Problém
Reality	Realita
Sensation	Pocit
Subconscious	Podvědomý
Therapy	Terapie
Thoughts	Myšlenky
Unconscious	Nevědomý

Rainforest
Deštný Prales

Amphibians	Obojživelníci
Birds	Ptáci
Botanical	Botanický
Climate	Klima
Clouds	Mraky
Community	Společenství
Diversity	Rozmanitost
Indigenous	Původní
Insects	Hmyz
Jungle	Džungle
Mammals	Savci
Moss	Mech
Nature	Příroda
Preservation	Zachování
Refuge	Útočiště
Respect	Úcta
Restoration	Obnovení
Species	Druh
Survival	Přežití
Valuable	Cenný

Restaurant #1
Restaurace #1

Allergy	Alergie
Bowl	Mísa
Bread	Chléb
Cashier	Pokladní
Chicken	Kuře
Coffee	Káva
Dessert	Dezert
Food	Jídlo
Ingredients	Ingredience
Kitchen	Kuchyně
Knife	Nůž
Meat	Maso
Menu	Menu
Napkin	Ubrousek
Plate	Talíř
Reservation	Rezervace
Sauce	Omáčka
Spicy	Pikantní
To Eat	Jíst
Waitress	Číšnice

Restaurant #2
Restaurace #2

Beverage	Nápoj
Cake	Dort
Chair	Židle
Delicious	Lahodné
Dinner	Večeře
Eggs	Vejce
Fish	Ryba
Fork	Vidlička
Fruit	Ovoce
Ice	Led
Lunch	Oběd
Noodles	Nudle
Salad	Salát
Salt	Sůl
Soup	Polévka
Spices	Koření
Spoon	Lžíce
Vegetables	Zelenina
Waiter	Číšník
Water	Voda

Science
Věda

Atom	Atom
Chemical	Chemický
Climate	Klima
Data	Data
Evolution	Vývoj
Experiment	Experiment
Fact	Skutečnost
Fossil	Fosilie
Gravity	Gravitace
Hypothesis	Hypotéza
Laboratory	Laboratoř
Method	Metoda
Minerals	Minerály
Molecules	Molekuly
Nature	Příroda
Organism	Organismus
Particles	Částice
Physics	Fyzika
Plants	Rostliny
Scientist	Vědec

Science Fiction
Science Fiction

Atomic	Atomový
Books	Knihy
Chemicals	Chemikálie
Cinema	Kino
Dystopia	Dystopie
Explosion	Výbuch
Extreme	Extrémní
Fantastic	Fantastický
Fire	Oheň
Futuristic	Futuristický
Galaxy	Galaxie
Illusion	Iluze
Imaginary	Imaginární
Mysterious	Tajemný
Oracle	Věštec
Planet	Planeta
Robots	Roboty
Technology	Technologie
Utopia	Utopie
World	Svět

Scientific Disciplines
Vědecké Disciplíny

Anatomy	Anatomie
Archaeology	Archeologie
Astronomy	Astronomie
Biochemistry	Biochemie
Biology	Biologie
Botany	Botanika
Chemistry	Chemie
Ecology	Ekologie
Geology	Geologie
Immunology	Imunologie
Kinesiology	Kineziologie
Linguistics	Jazykověda
Mechanics	Mechanika
Mineralogy	Mineralogie
Neurology	Neurologie
Physiology	Fyziologie
Psychology	Psychologie
Sociology	Sociologie
Thermodynamics	Termodynamika
Zoology	Zoologie

Shapes
Obrazec

Arc	Oblouk
Circle	Kruh
Cone	Kužel
Corner	Roh
Cube	Krychle
Curve	Křivka
Cylinder	Válec
Edges	Hrany
Ellipse	Elipsa
Hyperbola	Hyperbola
Line	Řádek
Oval	Ovál
Polygon	Polygon
Prism	Hranol
Pyramid	Pyramida
Rectangle	Obdélník
Side	Strana
Sphere	Koule
Square	Náměstí
Triangle	Trojúhelník

Spices
Koření

Anise	Anýz
Bitter	Horký
Cardamom	Kardamon
Cinnamon	Skořice
Clove	Hřebíček
Coriander	Koriandr
Cumin	Kmín
Curry	Kari
Fennel	Fenykl
Fenugreek	Pískavice
Flavor	Příchuť
Garlic	Česnek
Ginger	Zázvor
Licorice	Lékořice
Onion	Cibule
Paprika	Paprika
Saffron	Šafrán
Salt	Sůl
Sweet	Sladký
Vanilla	Vanilka

The Company
Společnost

Business	Podnikání
Creative	Tvořivý
Decision	Rozhodnutí
Employment	Zaměstnání
Global	Globální
Industry	Průmysl
Innovative	Inovační
Investment	Investice
Possibility	Možnost
Presentation	Prezentace
Product	Produkt
Professional	Profesionální
Progress	Pokrok
Quality	Kvalita
Reputation	Pověst
Resources	Zdroje
Revenue	Výnos
Risks	Rizika
Trends	Trendy
Units	Jednotky

The Media
Médium

Attitudes	Postoje
Commercial	Komerční
Communication	Komunikace
Digital	Digitální
Edition	Edice
Education	Vzdělávání
Facts	Fakta
Funding	Financování
Individual	Jedinec
Industry	Průmysl
Intellectual	Intelektuální
Local	Místní
Magazines	Časopisy
Network	Síť
Newspapers	Noviny
Online	Online
Opinion	Názor
Photos	Fotky
Public	Veřejný
Radio	Rádio

Time
Čas

Annual	Roční
Before	Před
Calendar	Kalendář
Century	Století
Clock	Hodiny
Day	Den
Decade	Desetiletí
Future	Budoucnost
Hour	Hodina
Minute	Minuta
Month	Měsíc
Morning	Ráno
Night	Noc
Noon	Poledne
Now	Teď
Soon	Brzy
Today	Dnes
Week	Týden
Year	Rok
Yesterday	Včera

To Fill
K Vyplnění

Bag	Taška
Barrel	Barel
Basin	Povodí
Basket	Košík
Bottle	Láhev
Box	Krabice
Bucket	Kbelík
Carton	Karton
Crate	Bedna
Drawer	Šuplík
Envelope	Obálka
Folder	Složka
Jar	Sklenice
Packet	Balíček
Pocket	Kapsa
Suitcase	Kufr
Tray	Zásobník
Tube	Trubka
Vase	Váza
Vessel	Plavidlo

Town
Městské

Airport	Letiště
Bakery	Pekárna
Bank	Banka
Bookstore	Knihkupectví
Cinema	Kino
Clinic	Klinika
Florist	Květinář
Gallery	Galerie
Hotel	Hotel
Library	Knihovna
Market	Trh
Museum	Muzeum
Pharmacy	Lékárna
School	Škola
Stadium	Stadión
Store	Obchod
Supermarket	Supermarket
Theater	Divadlo
University	Univerzita
Zoo	Zoo

Congratulations

You made it!

We hope you enjoyed this book as much as we enjoyed making it. We do our best to make high quality games.
These puzzles are designed in a clever way for you to learn actively while having fun!

Did you love them?

A Simple Request

Our books exist thanks your reviews. Could you help us by leaving one now?

Here is a short link which will take you to your order review page:

BestBooksActivity.com/Review50

MONSTER CHALLENGE!

Challenge #1

Ready for Your Bonus Game? We use them all the time but they are not so easy to find. Here are **Synonyms**!

Note 5 words you discovered in each of the Puzzles noted below (#21, #36, #76) and try to find 2 synonyms for each word.

*Note 5 Words from **Puzzle 21***

Words	Synonym 1	Synonym 2

*Note 5 Words from **Puzzle 36***

Words	Synonym 1	Synonym 2

*Note 5 Words from **Puzzle 76***

Words	Synonym 1	Synonym 2

Challenge #2

Now that you are warmed-up, note 5 words you discovered in each Puzzle noted below (#9, #17, #25) and try to find 2 antonyms for each word. How many lines can you do in 20 minutes?

Note 5 Words from **Puzzle 9**

Words	Antonym 1	Antonym 2

Note 5 Words from **Puzzle 17**

Words	Antonym 1	Antonym 2

Note 5 Words from **Puzzle 25**

Words	Antonym 1	Antonym 2

Challenge #3

Wonderful, this monster challenge is nothing to you!

Ready for the last one? Choose your 10 favorite words discovered in any of the Puzzles and note them below.

1.	6.
2.	7.
3.	8.
4.	9.
5.	10.

Now, using these words and within a maximum of six sentences, your challenge is to compose a text about a person, animal or place that you love!

Tip: You can use the last blank page of this book as a draft!

Your Writing:

Explore a Unique Store Set Up **FOR YOU!**

BestActivityBooks.com/**TheStore**

Designed for Entertainment!

Light Up Your Brain With Unique **Gift Ideas**.

Access **Surprising** And **Essential Supplies!**

CHECK OUT OUR MONTHLY SELECTION NOW!

- Expertly Crafted Products -

NOTEBOOK:

SEE YOU SOON!

Linguas Classics Team